当代中国企业的经营哲学创新

以浙江民营企业为案例

王立胜 郭冠清 等 编著

中央党校出版集团
国家行政学院出版社
NATIONAL ACADEMY OF GOVERNANCE PRESS

图书在版编目（CIP）数据

当代中国企业的经营哲学创新：以浙江民营企业为案例 / 王立胜等编著 . —— 北京：国家行政学院出版社，2024. 10. —— ISBN 978-7-5150-2960-3

Ⅰ．F279.245

中国国家版本馆 CIP 数据核字第 2024XT9828 号

书　　名	当代中国企业的经营哲学创新——以浙江民营企业为案例 DANGDAI ZHONGGUO QIYE DE JINGYING ZHEXUE CHUANGXIN ——YI ZHEJIANG MINYING QIYE WEI ANLI
作　　者	王立胜　郭冠清　等 编著
责任编辑	刘韫劼
责任校对	许海利
责任印制	吴　霞
出版发行	国家行政学院出版社 （北京市海淀区长春桥路 6 号　100089）
综 合 办	（010）68928887
发 行 部	（010）68928866
经　　销	新华书店
印　　刷	中煤（北京）印务有限公司
版　　次	2024 年 10 月北京第 1 版
印　　次	2024 年 10 月北京第 1 次印刷
开　　本	170 毫米×240 毫米　16 开
印　　张	14
字　　数	185 千字
定　　价	50.00 元

本书如有印装质量问题，可随时调换，联系电话：（010）68929022

目录
Contents

利他哲学
浙江民营企业可持续增长的奥秘

一、民营经济是浙江发展最大的亮点	002
二、浙江正努力探索民营企业高质量发展的路径	004
三、总结升华浙江民营经济发展的经营哲学	010

01 个人与集体
一种类集体制模式的经营探索与实践

引言	018
一、源起"双子星"的和合精神	019
二、坚守敬天爱人的创业信念	022
三、根植义利并举的"善经济"	023
四、遵循顶天立地的价值导向	024
五、追求"极致创新"而自强不息	027
六、注重"担当协作"而行稳致远	029
七、探求"有机"经营而良性循环	030
八、发扬"四坚"精神而不惧远征	034
结束语	035

02 中国与世界
以东方生活美学促进人类健康与美好生活

引言	040
一、一颗"向稻"的种子	041
二、"笔杆子"和"枪杆子"	043
三、从"稻盛哲学"到"飞剑哲学"	045
四、东方生活美学的传承与交汇	047
五、厚道做人，勤恳做事	049
六、以心为本，行善利他	050
七、成为全球杯壶行业领导者	054
八、传递爱的温度，为人类健康和美好生活贡献中国智造	056
结束语	058

03 主体性与主动性
内外兼修传递爱与光明

引言	062
一、继承父辈勤劳坚韧的品格	063
二、找到自己的主体性	065
三、加入盛和塾唤醒了第二次生命	067
四、向稻盛和夫当面请教	069
五、用阿米巴落地大会改变经营土壤	070
六、把经济萧条看作再发展的飞跃平台	070

目 录

七、员工才是自己一辈子的董事长　　　　　　　　074
结束语　　　　　　　　　　　　　　　　　　　080

04 简单与不简单
一生只做一件简单的事

引言　　　　　　　　　　　　　　　　　　　　084
一、传承敢为天下先的创业精神　　　　　　　　085
二、赚钱是办好企业的直接目标　　　　　　　　087
三、心简单了事业就简单了　　　　　　　　　　089
四、形成专属的企业文化　　　　　　　　　　　093
五、始终把员工幸福放在第一位　　　　　　　　097
六、注重培养好接班人　　　　　　　　　　　　099
结束语　　　　　　　　　　　　　　　　　　　099

05 平衡与协调
提升全体员工物质与精神协调发展的幸福感

引言　　　　　　　　　　　　　　　　　　　　102
一、经营上追求可持续：不断反思何为幸福感　　105
二、技术上追求极致：构筑幸福感的物质基础　　108
三、管理上追求精益：夯实幸福感的制度根基　　110
四、服务上追求超预期：寻求幸福感解决方案　　113
五、文化上重塑价值观：打造最具幸福感企业　　116
结束语　　　　　　　　　　　　　　　　　　　119

06 方向与方法
使命驱动世界　方法开辟道路

引言　122

一、良善是指引前进的根本遵循　123

二、确定了目标就要想方设法去实现　124

三、在理论和实践统一中探索科学方法　126

四、解决企业哲学落地"最后一公里"问题　129

五、从稻盛哲学与中华传统文化中提炼瑞德森哲学　132

六、稻盛哲学让员工有了更多共同语言　135

七、践行利他思想为行业发展做贡献　137

结束语　139

07 可能性与现实性
用科学方法突破技术壁垒　用稻盛哲学凝聚员工士气

引言　142

一、敏锐的危机意识：在化危为机中实现转型升级　143

二、持续的实践探索：在开拓创新中解决瓶颈问题　146

三、强烈的使命担当：在科技自立中聚焦国产化替代　149

四、精准的自我认知：在产品定价中感悟阿米巴精髓　152

五、执着的利他信念：在清晰愿景中实现全员幸福　155

六、不懈的心性修炼：在包容信任中形成企业哲学　159

结束语　161

08 人与万物
敬天，爱人

引言	164
一、永续经营的社会企业	165
二、人活着的意义就是磨炼灵魂	166
三、动机至善：可持续的公益行动	169
四、私心了无：新农人的孵化平台	172
五、守护善粮：有良知的自然农法	174
六、人人都是经营者	177
结束语	178

09 小面馆与大使命
用心服务每一位顾客

引言	182
一、天下大事必作于细	183
二、认真思考自己要做什么	187
三、向优秀企业家看齐	188
四、企业发展需要共同努力	189
五、要处理好员工的小事业	192
六、经营事业要具有创新精神	193
七、将做人的正道作为经营的原点	195

八、打造温州面馆的领军品牌 196
结束语 198

10 名与实
以内诺带动外诺实现无限价值

引言 202
一、在名与实的分离中找到人生目标 203
二、脚踏实地,把牛排做到极致 204
三、稻盛哲学使顶诺名实相副 207
四、苦练内功以内诺推动外诺 209
五、以利他之心把承诺做到极致 210
结束语 212

后记 214

利他哲学

浙江民营企业可持续增长的奥秘

当代中国企业的经营哲学创新
以浙江民营企业为案例

习近平总书记指出:"民营经济的历史贡献不可磨灭,民营经济的地位作用不容置疑,任何否定、弱化民营经济的言论和做法都是错误的。"①众所周知,改革开放40多年来,民营企业蓬勃发展,民营经济从小到大、由弱变强,在稳定增长、促进创新、增加就业、改善民生等方面发挥了重要作用,成为推动经济社会发展的重要力量。民营企业是我国经济社会发展活力和国际竞争力的重要组成部分,是推动市场经济持续健康发展的不竭动力。民营企业家的管理素质、市场意识、契约意识、合规意识、社会责任意识等,不仅关系到民营企业的生存和发展,也直接影响到我国市场经济发展的质量和效益。同时,民营企业为社会提供了大量的就业机遇,缓解了就业压力,在科技创新、产业升级、国际竞争力提升等方面发挥着重要作用,为我国经济持续健康发展注入了强大动力。

一、民营经济是浙江发展最大的亮点

浙江是民营企业发展领先的地区。民营经济是浙江发展最大的亮点,也是经济发展主力军、创新创业主战场、共同富裕主引擎。浙江民营经济以43.1%的金融贷款,为全省贡献了73.4%的税收收入、75.8%的进出口、83.2%的专利和87.5%的就业人数。截至2023年底,浙江在册经营主体1034万户,其中民营企业和个体工商户分别有333万和669万户。以杭州和温州为例。②2023年底,杭州民营企业87万户(2024年6月总量突破100

---

① 《心无旁骛创新创造 踏踏实实办好企业》,《人民日报》2018年10月22日。
② 参见《2023年浙江省国民经济和社会发展统计公报》。

万户），占企业总量的90.6%，全年民营经济增加值占GDP的比重为61.2%。温州在册经营主体突破140万户，同比增长8.39%，其中民营企业超39万户，约占全市企业总数的94%，吸纳就业占就业总人数的90%，并有12家温企上榜"2023中国民营企业500强"。①

综观中国经济发展史，民营企业在我国经济发展的过程中发挥着举足轻重的作用，是推动经济发展的重要一极。截至2024年6月末，我国登记注册的民营企业数量已达5500万户，同比增长7.8%，占我国外贸总值的55.1%。相比2012年的1085万户，增长近4.1倍，总量占比从79.4%提高到96.4%，贡献税收由48%增长到近60%，吸纳城镇就业占比达86.1%。个体工商户从4000多万户增至1.25亿户。②2023年中国民营企业500强榜单显示，500强整体规模持续增长，入围门槛达到275.78亿元，是2012年的3.5倍。入围世界500强的民营企业由6家增至36家。③民营经济持续发展壮大，民营企业竞争力和影响力不断提升。特别要指出的是，民营经济在高新技术产业上的比重稳步提升。在制造业、科学研究和技术服务业等国家重点发展的高新技术产业方面，民营经济经营主体的占比均有所提高。从2019年以来各类高新技术产业新设民营企业占比看，均在九成以上。其中，高技术制造业占90.2%，高技术服务业占93.3%，四新经济占93.4%，数字经济核心产业占94.6%，民营经济在新兴产业发展中发挥着主力军作用。

但是，我们也要看到民营企业的发展仍然面临着"三山""三门""三荒""两高一低"等问题：市场的冰山、融资的高山、转型的火山，市场

---

① 温州市发展改革委：《奋楫先行　再谱新篇　全力打造"民营经济看温州"新时代标杆》，http://wzfgw.wenzhou.gov.cn/art/2024/3/26/art_1216778_58918594.html。
② 参见《2024中国经济半年报 | 我国民营经济主体数量超过1.8亿户》，光明网，2024年8月2日。
③ 参见中国工商联发布的《2023中国民企业500强》。

准入门槛高存在的"卷帘门""玻璃门""旋转门"[①]，企业面临用工荒、用钱荒、用地荒，成本高、税费高、利润低。这些问题使一些民营企业在发展的过程中失去了动力，走向了倒闭。具体来讲，我国民营企业所面临的困难集中体现在几个方面。一是融资难。中小民营企业普遍面临融资困难的问题，尤其是在银行贷款和资本市场融资方面。由于信息不对称、信用评级较低等原因，民营企业难以获得足够的资金支持，从而限制了其发展壮大。二是市场竞争激烈。随着市场竞争的加剧，民营企业需要不断提升自身的产品和服务质量，以在市场中占据一席之地。然而，由于资源和技术等方面的限制，一些中小民营企业难以与大型企业竞争。三是人才短缺。民营企业常常面临人才短缺的问题，特别是在高端技术和管理人才方面，由于待遇和发展空间的限制，民营企业难以吸引和留住优秀人才。四是创新资源匮乏。在技术创新和研发方面，民营企业往往缺乏足够的资源和能力。这导致在产品升级和市场拓展方面面临较大困难。五是政策环境不稳定。虽然政府出台了一系列支持民营经济发展的政策，但在实际执行过程中，政策落实不到位、执行力度不足等问题依然存在，影响了民营企业的经营环境。六是成本压力大。原材料价格波动、人力成本上升、税费负担较重等因素，使得民营企业的经营成本不断上升，压缩了其利润空间。七是市场准入门槛高。尽管政府努力降低市场准入门槛，但一些行业和领域的隐性壁垒依然存在，民营企业难以进入这些领域。

二、浙江正努力探索民营企业高质量发展的路径

客观上说，中国民营企业面临诸多问题的原因，不但有民营企业自身

---

① 《习近平著作选读》第1卷，人民出版社，2023年，第464—465页。

存在的问题，更有国家对民营企业的政策以及国际政治经济环境的影响。总的来说，民营企业所面临的问题是综合的、复杂的，主要体现在以下几个方面。一是国际经济政治环境的变化。当今世界百年未有之大变局加速演进，全球经济复苏进程中风险积聚，保护主义、单边主义明显抬头，给我国经济和市场预期带来诸多不利影响。民营企业占我国出口总额的45%，一些民营出口企业必然会受到影响，那些为出口企业配套或处在产业链上的民营企业也会受到拖累。[①]二是我国经济发展的转型。我国经济发展正处于由高速增长阶段向高质量发展阶段转变之中。我国正处于转变发展方式、优化经济结构、转换增长动力的攻关时期，经济扩张速度放缓、消费结构全面升级、需求结构快速调整，对供给质量和水平提出了更高要求，必然给企业带来转型升级压力。在结构调整过程中，市场有波动、经济有起伏、结构在调整、制度在变革，优势企业会胜出，而多数民营企业面临各种困难和问题则是难免的，是客观环境变化带来的长期调整压力。[②]三是政策落实不到位。近年来，我们出台了很多支持民营经济发展的政策措施，但不少落实不下去，效果无法彰显。有些部门和地方对党和国家鼓励、支持、引导民营企业发展的大政方针认识不到位，工作中存在不应该有的政策偏差，在平等保护产权、平等参与市场竞争、平等使用生产要素等方面还有很大差距。有些政策制定过程中前期调研不够，没有充分听取企业意见，对政策实际影响考虑不周，没有给企业留出必要的适应调整期。有些政策相互不协调，政策效应同向叠加，或者是工作方式简单，导致一些初衷很好的政策产生了相反的作用。

肩负民族复兴伟业使命，浙江民营企业正在习近平总书记关于民营经

---

① 《毫不动摇支持鼓励引导非公有制经济发展　支持民营企业发展并走向更加广阔舞台》，《人民日报》2018年11月2日。

② 《毫不动摇支持鼓励引导非公有制经济发展　支持民营企业发展并走向更加广阔舞台》，《人民日报》2018年11月2日。

济发展的指示精神指引下阔步前行。

习近平总书记长期以来关心民营企业的发展，对民营企业及民营企业家的成长，以及民营企业的地位与作用做出了明确的指示，为我国民营企业的发展及民营企业家的成长指明了方向。他强调我国经济发展能够创造中国奇迹，民营经济功不可没。民营经济是我国经济制度的内在要素，民营企业和民营企业家是我们自己人。"我们毫不动摇地发展公有制经济，毫不动摇地鼓励、支持、引导、保护民营经济发展。现在的很多改革举措都是围绕怎么进一步发展民营经济，对这一点民营企业要进一步增强信心。我们要为民营企业营造好的法治环境，进一步优化营商环境。党的路线方针政策是有益于、有利于民营企业发展的。"① "我国民营经济已经成为推动我国发展不可或缺的力量，成为创业就业的主要领域、技术创新的重要主体、国家税收的重要来源，为我国社会主义市场经济发展、政府职能转变、农村富余劳动力转移、国际市场开拓等发挥了重要作用。"② 民营企业也要进一步弘扬企业家精神、工匠精神，抓住主业，心无旁骛，力争做出更多的一流产品、发展一流的产业，为实现第二个百年奋斗目标做出新的贡献。民营经济是社会主义市场经济发展的重要成果，是推动社会主义市场经济发展的重要力量，是推进供给侧结构性改革、推动高质量发展、建设现代化经济体系的重要主体，也是我们党长期执政、团结带领全国人民以中国式现代化全面推进中华民族伟大复兴的重要力量。在全面建设社会主义现代化国家的新征程中，我国民营经济只能壮大、不能弱化，不仅不能"离场"，而且要走向更加广阔的舞台。

关于政府官员与民营企业家的关系，习近平总书记在参加全国政协

---

① 习近平：《党中央毫不动摇地支持民营经济发展》，新华社，2018年9月27日。
② 《毫不动摇支持鼓励引导非公有制经济发展　支持民营企业发展并走向更加广阔舞台》，《人民日报》2018年11月2日。

十二届四次会议民建、工商联界委员联组会时就指出政府与民营企业之间的关系问题，他指出新型政商关系就是"亲""清"两个字。"对领导干部而言，所谓'亲'，就是要坦荡真诚同民营企业接触交往，特别是在民营企业遇到困难和问题情况下更要积极作为、靠前服务，对非公有制经济人士多关注、多谈心、多引导，帮助解决实际困难，真心实意支持民营经济发展。所谓'清'，就是同民营企业家的关系要清白、纯洁，不能有贪心私心，不能以权谋私，不能搞权钱交易。"①"对民营企业家而言，所谓'亲'，就是积极主动同各级党委和政府及部门多沟通多交流，讲真话，说实情，建诤言，满腔热情支持地方发展。所谓'清'，就是要洁身自好、走正道，做到遵纪守法办企业、光明正大搞经营。"②

为此，在经济发展进程中，浙江不断为民营经济营造更好发展环境，帮助民营经济解决发展中的困难，支持民营企业改革发展，变压力为动力，让民营经济创新源泉充分涌流，让民营经济创造活力充分迸发。主要通过六个方面政策举措得以落实。

第一，减轻企业税费负担。抓好供给侧结构性改革降成本行动各项工作，实质性降低企业负担。加大减税力度。推进增值税等实质性减税，而且要简明易行好操作，增强企业获得感。对小微企业、科技型初创企业可以实施普惠性税收免除。根据实际情况，降低社保缴费名义费率，稳定缴费方式，确保企业社保缴费实际负担有实质性下降。既要以最严格的标准防范逃避税，又要避免因为不当征税导致正常运行的企业停摆。进一步清理、精简涉及民间投资管理的行政审批事项和涉企收费，规范中间环节、中介组织行为，减轻企业负担，加快推进涉企行政事业性收费零收费，降低企业成本。一些地方的好做法要加快在全国推广。

---

① 《习近平著作选读》第1卷，人民出版社，2023年，第468页。
② 《习近平著作选读》第1卷，人民出版社，2023年，第468页。

第二，解决民营企业融资难融资贵问题。优先解决民营企业特别是中小企业融资难甚至融不到资的问题，同时逐步降低融资成本。改革和完善金融机构监管考核和内部激励机制，把银行业绩考核同支持民营经济发展挂钩，解决不敢贷、不愿贷的问题。扩大金融市场准入，拓宽民营企业融资途径，发挥民营银行、小额贷款公司、风险投资、股权和债券等融资渠道作用。对有股权质押平仓风险的民营企业，有关方面和地方要抓紧研究采取特殊措施，帮助企业渡过难关，避免发生企业所有权转移等问题。对地方政府加以引导，对符合经济结构优化升级方向、有前景的民营企业进行必要的财务救助。省级政府和计划单列市可以自筹资金组建政策性救助基金，综合运用多种手段，在严格防止违规举债、严格防范国有资产流失的前提下，帮助区域内产业龙头、就业大户、战略新兴行业等关键重点民营企业纾困。高度重视三角债问题，纠正一些政府部门、大企业利用优势地位以大欺小、拖欠民营企业款项的行为。

第三，营造公平竞争环境。打破各种各样的"卷帘门""玻璃门""旋转门"，在市场准入、审批许可、经营运行、招投标、军民融合等方面，为民营企业打造公平竞争环境，给民营企业发展创造充足市场空间。鼓励民营企业参与国有企业改革。推进产业政策由差异化、选择性向普惠化、功能性转变，清理违反公平、开放、透明市场规则的政策文件，推进反垄断、反不正当竞争执法。

第四，完善政策执行方式。任何一项政策出台，不管初衷多么好，都要考虑可能产生的负面影响，考虑实际执行同政策初衷的差别，考虑同其他政策是不是有叠加效应，不断提高政策水平。各地区各部门要从实际出发，提高工作艺术和管理水平，加强政策协调性，细化、量化政策措施，制定相关配套举措，推动各项政策落地、落细、落实，让民营企业从政策中增强获得感。去产能、去杠杆要对各类所有制企业执行同样标准，不能戴着有色眼镜落实政策，不能不问青红皂白对民营企业断贷抽贷。提高政府部门履职水平，按照国家宏观调控方向，在安监、环保等领域微观执法过程中避免简单化，坚持实事求是，一切从实际出发，执行政策不能搞"一刀切"。结合改革督察工作，对中央全面深化改革委员会会议审议通过的产权保护、弘扬企业家精神、市场公平竞争审查等利好民营企业的改革方案进行专项督察，推动落实。

第五，构建亲清新型政商关系。浙江把构建亲清新型政商关系的要求落到实处，把支持民营企业发展作为一项重要任务而不是挂在嘴边的口号，花更多时间和精力关心民营企业发展、民营企业家成长。领导干部同民营企业家打交道要守住底线、把握好分寸，但这并不意味着领导干部可以对民营企业家的正当要求置若罔闻，对他们的合法权益不予保护，而是要积极主动为民营企业服务。将支持和引导国有企业、民营企业特别是中小企业克服困难、创新发展方面的工作情况，纳入干部考核考察范围。人民团体、工商联等组织要深入民营企业了解情况，积极反映企业生产经营中遇到的困难和问题，支持企业改革创新。加强舆论引导，正确宣传党和国家大政方针，对一些错误说法及时澄清。

第六，保护企业家人身和财产安全。稳定预期，弘扬企业家精神，安全是基本保障。加大反腐败斗争力度，是落实党要管党、全面从严治党的要求，是为了惩治党内腐败分子，构建良好政治生态，坚决反对和纠正以权谋私、钱权交易、贪污贿赂、吃拿卡要、欺压百姓等违纪违法行为。这有利于为民营经济发展创造健康环境。纪检监察机关在履行职责过程中，有时需要企业经营者协助调查，这种情况下，要查清问题也要保障其合法的人身和财产权益，保障企业合法经营。对一些民营企业历史上曾经有过的一些不规范行为，要以发展的眼光看待，按照罪刑法定、疑罪从无的原则处理，让企业家卸下思想包袱，轻装前进。

三、总结升华浙江民营经济发展的经营哲学

《中共中央关于进一步全面深化改革、推进中国式现代化的决定》指出："坚持致力于为非公有制经济发展营造良好环境和提供更多机会的方针政策。制定民营经济促进法。深入破除市场准入壁垒，推进基础设施竞争性领域向经营主体公平开放，完善民营企业参与国家重大项目建设长效机制。支持有能力的民营企业牵头承担国家重大技术攻关任务，向民营企业进一步开放国家重大科研基础设施。完善民营企业融资支持政策制度，破解融资难、融资贵问题。健全涉企收费长效监管和拖欠企业账款清偿法律法规体系。加快建立民营企业信用状况综合评价体系，健全民营中小企业增信制度。支持引导民营企业完善治理结构和管理制度，加强企业合规建设和廉洁风险防控。加强事中事后监管，规范涉民营企业行政检查。"[①]该决定着眼推动非公有制经济发展，提出制定民营经济促进法，加强产权执法司法保护，防止和纠正利用行政、刑事手段干预经济纠纷；提出加强公平竞争审查刚性约束，清理和废除妨碍全国统一市场和公平竞争的各种规定和做法，完善要素市场制度和规则；等等。这些举措将更好激发全社会内生动力和创新活力。

从浙江经济的发展及分布来看，民营企业仍然占绝对主力。中国民营企业家特别是浙江的民营企业家，在推动民营经济发展的过程中，用尽了方法，在经营不善或企业发展不顺的时候，他们向外寻求突破，试图通过学习培训，请教行业领先的企业同行来缓解或解决企业发展中遇到的问

---

① 《中共中央关于进一步全面深化改革、推进中国式现代化的决定》，人民出版社，2024年，第7—8页。

题，其中大部分人都上过各类培训班，花费上百万资金培训管理层与员工，但在真正遇到经营危机时，这些培训并未为企业带来理想的效果。企业陷入困境，甚至亏损严重。这些企业家开始反思自己的经营理念和方法，试图寻求新的出路。

在这个过程中，一些企业及企业家消失在了民营企业发展的队伍及轨道中，另外一些企业家则从学习稻盛和夫经营哲学（以下简称稻盛哲学）中找到了帮助企业有效发展的路子。这些接触稻盛哲学、加入盛和塾的浙江企业，几乎都是发展良好的企业，实现了利润的高增长，成为民营企业的榜样。

稻盛哲学的核心思想"作为人，何谓正确？"，以及"追求全体员工物质、精神两方面幸福"的理念，让企业家们产生了强烈的共鸣，并开始反思自己的经营理念。他们在认真学习了稻盛哲学后，将其理念融入到企业经营管理中，包括明确企业使命、建立员工信任、导入阿米巴经营等。通过学习稻盛哲学，各企业发生了巨大的变化，员工积极性显著提高，企业效益大幅提升。

企业家们明白了一个道理，那就是经营企业一定要有一个利他的理念，要明白自己所做事业的目的和意义。商业的本质是利他，只有真正帮助客户，才能获得持续的成功。企业经营不仅是为了赚钱，更重要的是为社会创造价值，为员工带来幸福。

稻盛和夫27岁（1959年）创办京都陶瓷株式会社（现名京瓷株式会社，曾入选世界500强企业），52岁（1984年）创办第二电电（原名DDI，现名KDDI，目前在日本为仅次于NTT的第二大通信公司，2022年世界500强企业排名第241位）。在20世纪90年代日本泡沫经济崩溃后，这两家企业依旧保持旺盛生命力。特别是全球新冠疫情暴发后，这两大企业仍然保持高增长率，在企业危机面前逆势发展铸造了其企业长期盈利且经久不衰的传奇。

值得一提的是，2010年1月19日，日本航空公司（简称日航）宣布破产。时任日本政府首相鸠山由纪夫和众多政府高官多次邀请稻盛和夫重建日航。出于三条大义名分，稻盛和夫答应重建日航。同年2月1日，稻盛和夫出任日航会长。在稻盛和夫的领导下，仅仅用了16个月，日航满血复活，不仅震惊了世界，也在中国企业界掀起了一场"稻盛哲学热"。这主要表现在三个方面。一是与稻盛和夫相关书籍的畅销。《活法》《干法》《心：稻盛和夫的一生嘱托》《六项精进》《经营十二条》《斗魂》《心法》《京瓷哲学：人生与经营的原点》等成为人们了解稻盛和夫的主要书籍。稻盛和夫的有关书籍长期居于同类书畅销榜前三。以《活法》为例，在2005年首次发布就占据新书销量首位，至2022年国内销量突破550万册。二是创办盛和塾。1983年，京都一部分青年企业家希望稻盛先生向他们传授经营知识和经营思想，自发组织了"盛友塾"，后改名为"盛和塾"。盛友塾刚成立时只有25名会员，盛和塾在美国、巴西、中国很快就都有了分塾。现在中国的塾生已达到15000人。

稻盛哲学是日本经济特殊时代条件下的产物，在日本经济发展历史中不断地调整与完善，这使其成为日本企业经营中极具代表性的一种经营方法。稻盛哲学的形成和发展有其独特的日本经济、社会和文化背景，带有明显的日本风格、日本理念和日本话语特点。若结合实际，活学活用稻盛哲学，对企业经营管理无疑是有益的。但若把稻盛哲学当成至上的教条来膜拜，就可能误入歧途。稻盛和夫自己也说："要把向中国圣贤学习的教诲和在企业实践中获得的体会，如实告诉中国企业家，让他们少走弯路。我不是经营的圣人，我是个普通人。我只是努力从中国的圣人、贤人那里学习他们的思想。"中国的企业要想适应时代发展的需求，就必须形成属于自己的经营哲学，也就是说中国企业要形成自己的经营哲学，不能只注重于学习国外先进的企业经营经验，还应当形成自己的企业经营理念与价值观。

在学习稻盛哲学的过程中，出现了"理念派"与"技术派"两种情况，对我国企业经营者的经营思维和经营活动造成不良影响，必须引起警惕。"理念派"认为，只要学好稻盛哲学，企业经营的问题就能迎刃而解。"技术派"则将阿米巴经营方式奉为企业经营的"秘籍和宝典"，易把阿米巴经营异化为"阿米巴核算"。他山之石，可以攻玉，我们可以真诚地去学习稻盛哲学，但不能为了学习而学习，学习稻盛哲学的目的是做好我们自己的企业，在做好自己企业的过程中，要真正形成中国企业自己的经营哲学，培养出中国自己的"稻盛和夫"。一句话，需要形成中国企业自己的哲学思维与哲学体系。这也是加快构建中国特色哲学社会科学，构建中国自主的知识体系的内在要求。

第一，企业要有自己的价值理念。企业要利他，就是要做到为社会服务，为社会主义服务，积极履行社会责任。企业家要树立高尚的情怀，主动对接政府、服务社会，为社会主义建设做出更大贡献。当然，企业价值理念的内在体现是要服务于企业的员工与顾客，不但要实现员工物质富裕与精神富裕，为实现国家的共同富裕提供助力，更要使顾客在享受企业服务的过程中增强幸福感与获得感。习近平总书记指出，任何企业存在于社会之中，都是社会的企业。社会是企业家施展才华的舞台。只有真诚回报社会、切实履行社会责任的企业家，才能真正得到社会认可，才是符合时代要求的企业家。本书中谈及的这些浙江民营企业家，他们有自己的思考，不但能认识到自己企业在中国、在全球的位置及影响，还知道企业能够为人民、为社会提供什么价值，更懂得如何应对企业面临的危机与困难。

第二，企业发展要有哲学思维。企业要做到基业长青，就要在尊重企业发展客观规律的同时,把企业哲学作为企业发展及提升竞争力的核心要素。而这种哲学思维必须是连续的、科学的,能够指导企业的长远发展。企业家具有哲学思维,能够为企业发展制定科学合理的战略规划,使企业在社会发展中持续稳步推进。企业家具有哲学思维,还要做好危机应对。在与浙江民营企业家交流的过程中,我们感觉到,浙江企业家所关注的重点并不是企业利润的多少,而是为社会做出的贡献大小。他们普遍有一个理念,就是为员工、为社会做出企业应有的贡献,而这种思维其实就是一种利他的哲学思维。

第三,企业家要有国际视野。习近平总书记指出,有多大的视野,就有多大的胸怀。改革开放以来,我国企业家在国际市场上锻炼成长,利用国际国内两个市场、两种资源的能力不断提升。过去10年,我国企业走出去步伐明显加快,更广更深参与国际市场开拓,产生出越来越多的世界级企业。我们所接触的浙江民营企业家,多数都关注自己企业在世界同行业中的发展情况,谈的多是最新的行业发展状况及最新的技术、业态等,他们不但立足中国本土市场,更放眼全球,对国际市场的情况了如指掌。

这些浙江民营企业家在学习稻盛哲学的过程中,不是单纯地照搬照抄,而是带着解决自身问题的目的去学习、去引进、去丰富、去本土化,立足中国具体国情、立足企业自身实际,最终形成了具有企业特色的经营哲学。可以说,浙江的民营企业家敢为人先、敢于示范,敢于在困难中找到问题的答案,敢于回答时代给民营企业所提出的问题。他们的成功不是偶然的,而是带着回答时代所提出的问题,带着一定要把企业办好的目标所做出的回应。一言以蔽之,我国的民营企业要想成为社会发展的引领者、国家建设的支撑者、人民幸福的提供者,就必须做强做大,而做到这一点的根本就是要形成企业自身的价值理念体系,就是要有适合企业自身发展特点的经营哲学。我们希望,通过对浙江民营企业创造性学习应用稻盛哲学的实践案例,打开中国民营企业构建自己经营哲学的思路,为丰富中国企业的经营哲学提供有益支撑,也期望能够对中国民营经济的发展贡献微薄的力量。

个人与集体

一种类集体制模式的经营探索与实践

浙江保融科技股份有限公司

引言

　　个人是指单个的个体，具有独立的思想、意志和行为能力。集体则是由多个个人组成的群体，可以是家庭、部门、社区、企业等各种形式的组织。浙江保融科技股份有限公司（以下简称保融科技）是一家已具有一定规模的、高成长性数字化软件系统与技术服务提供商。保融科技聚焦于连接经济活动各流程中的"资金流"大场景，凭借领先的资金流和财资管理（cash flow and treasury management）核心技术，数智贯通业务、财务、资金和金融，帮助我国实体企业全面提升财资经营能力和绩效，进而助推企业经营的高质量发展，促进金融机构对公服务水平的提升。保融科技是国内财资科技领域的龙头骨干企业，2021年被认定为省级高新企业研发中心和杭州市重点拟上市企业，2022年入选省级企业研究院、杭州市高成长性企业100强和余杭区数字经济50强，2023年被认定为杭州市首批总部企业，并获得国家级首版次高端软件认定，拥有近20项发明专利。5年来，保融科技经营实力持续提升，人员规模已达千人，营收规模达5亿元。

　　在我国的金融服务实体经济领域，先进的财资数字化系统和技术服务拥有非常丰富的价值创造场景。保融科技围绕此领域研创的各类优质产品和服务，一方面具有显著的商业价值，可以全面赋能实体企业实现资金高效运转、现金流健康可持续，助力企业体魄强健和高质量发展；另一方面还具备充分的社会价值引领。在微观上，通过服务好实体企业现金流的健康可持续，能促进其员工安居乐业；同时通过贯通实体企业与金融机构的信息连接，助力金融服务更好地"精准滴灌"实体经济，提升对公金融服务的水平和质量。在宏观上，财资科技的推广应用能有效盘活实体资金，提增企业信用，善用金融资源，提升国家和社会的"财资力"。保融科技将"让企业没有难管的钱"作为企业使命，立志为"提升中国财资力"而不懈奋斗，致力成为"全国领先的财资技术与信息服务供应商"。保融科技事业具有的社会价值和大义名分，是其得到持续发展的根本所在。

一、源起"双子星"的和合精神

包恩伟是保融科技的创始人、董事长，杭州市高层次人才。在日本的短期工作及在深圳的研发实践经验，为他提供了宝贵的技能沉淀；在美国、加拿大等地学习时，他从未忘记将所学应用到中国的企业发展中。海外经历使他的视野更为开阔，也使保融科技保持了一定的技术前瞻性。他始终怀抱将企业做强做大造福社会的情怀，接触稻盛哲学和中华优秀传统文化为他的企业经营管理思想和理念打开了思路；学习毛泽东军事思想及军队管理方法让他学会如何辩证、实事求是地汲取养分并化为己用。他认为，从哲学层次探讨和实践中国式经营思想方法很有现实意义和价值。

包恩伟来自有着"百工之乡"美誉的浙江东阳。

东阳之所以能工巧匠辈出，与其独特的自然环境息息相关。"七山二水一分田"的地貌使得东阳山多田少、土地贫瘠。艰苦的生存条件迫使当地人不得不依靠手艺外出谋生，由此培养了东阳人吃苦耐劳、坚韧不拔、精益求精的匠人品质。

受匠人文化深厚熏陶的同时，包恩伟的家族还传承着创造与善正的传统。"与人为善，做好人不吃亏。"包恩伟的祖父是一位"学什么能专什么"的手艺能人，乐善好施，被大家称为"先生"。他不仅能自制缝纫机、照相机，还发明了32头纺纱机、大豆双行播种机、自动擀饼机、自动切菜机等，当时县政府专门为其颁发了"发明大王"奖状。包恩伟的父亲也是一位能工巧匠，在从事木匠工作时，是金华汤溪齿轮机床厂的八级工，专做最高等级的机械木模；从事钟表维修时，是义乌市德艺双馨的大师傅。父亲70多岁了，至今不退休，给老人修理钟表从不收费。他说是因为放不下那些老客户，修理不仅是为了"停摆的码头钟"，更是让老人每天能继续听到陪伴一生的钟声。保融科技的创业根基，正是源于包恩伟家族世代相传的工匠精神和勤善传家的优良传统。

此外，东阳人还深受儒家永嘉学派"事功为先"思想的影响。永嘉学派强调实践和行动，主张通过实际成效衡量价值，反对空谈。这种"经世致用""知行合一"的理念不仅塑造了东阳人的生活态度，也成为当地人创业的动力源泉。处中守正、务实进取的精神在包恩伟的创业道路上得到了充分体现，他始终坚持以实干和创新推动企业成长。

方汉林是保融科技的法定代表人、总经理，杭州市高层次人才。他拥有20多年的金融软件研发和丰富的企业经营管理经验，是国内IT界知名的经营管理专家和我国财资科技服务产业领域的领军人物。方汉林从小受良好家庭成长环境的熏陶并一路快速成长，走上经营管理领导岗位后，通过系统性学习现代科学管理，加上自身优秀的经营禀赋，取得了突出的经营业绩。他和包恩伟携手创业后，带领团队守正创新、目标导向，并持续改良完善，不断推动保融科技经营能力和数字化管理水平的提升。

方汉林来自"荆楚大地"湖北孝感。

湖北是荆楚文化的发源地。荆楚大地自古以来地势复杂，自然条件多变，这迫使当地人必须具备灵活的应对能力和无畏的开拓精神。正是在这种历史背景下，"九头鸟"精神逐渐深植于湖北人的性格中，成为他们面对挑战时的力量源泉。方汉林是当地村镇大户的长子嫡孙，从小受到家族上下的厚爱，拥有欢乐童年，骨子里印刻的是对世界的美好印记和正义精神。湖北人的"九头鸟"精神赋予了他精干与强悍、智慧与勇敢的特质。

同时，他受道家文化的影响，形成了"取其所应得，绝不贪求不属于自己的"淡然从容的处世态度。方汉林高中毕业后来到浙江杭州学习、工作和创业，在长达 30 年的时间里进一步受浙江儒学文化、上海海派文化和民营企业务实肯干、敢为天下先的企业文化熏陶，最终形成了他善正信实、敢于挑战、执着前行的气质精神，让他在复杂的商业环境中游刃有余，快速做出精准判断，赢得了下属的追随。

包恩伟和方汉林是浙江大学玉泉校区的同龄校友。在最初选择合作时，双方均进行了长达半年的深入考察。包恩伟认为，方汉林当时有很多选择，但他最终选定与处于"水深火热"之中的保融科技合作、共同创业，既是对公司经营原则的认可和信任，也显示了他个人的勇气和决心。包恩伟和方汉林虽然性格和专长上有所反差，但因为双方的认知格局与智慧，互相为对方尽力，恰恰实现了"1+1>3"的效应。方汉林兼具理性分析与感性决策的双重能力，在处理问题时既灵活又果断，能够迅速做出决策且不失谨慎，在企业经营中非常难得。方汉林的优势不仅增强了保融科技的战斗力，还为保融科技的企业文化增添了新的色彩。方汉林的精干、果断与直率，与包恩伟的包容、协同和创新精神相辅相成。这种互补使二人在公司管理上不留死角，让公司能够高效、顺畅地运转。

包恩伟和方汉林因"善正"的共同特质而彼此认同，因各自"专精"的反差互补而相互欣赏，并在彼此智慧和格局的影响下，二元和合，和而不同，携手开创保融科技的事业。因而，保融科技的企业文化并不依赖于单一创始人的个人特质，而是根植于"双子星"的和合精神。"善正"和"专精"是这种和合精神的根基，也是保融科技的企业精神内核。"善正"是企业的立企之根、之源。"专精"反映的是企业对专业力与专注度的极致追求，以及对精细度和精准度的不懈努力。这一精神内核，成为保融科技持续成长壮大的原动力。在同行看来，在包恩伟、方汉林以及被称为"铿锵行"的核心经营团队共同努力下,保融科技已走出了一条具有自身特色和优势的经营之路。

二、坚守敬天爱人的创业信念

在今天的商业社会中,保融人始终恪守"善正"的精神内核,一方面秉承"相信世界美好"的创业信念,相信宇宙的意志是"爱、真诚、和谐",始终追求真善美;另一方面,在持续服务客户的过程中,秉持正念、自强不息,结合"专精"的精神内核,进一步树立"善作善成"的创业信念。

"敬天":敬天道,循天理。

保融科技以人为本,认为员工是公司最宝贵的财富,以心怀关爱之心对待员工,相信人的潜力,通过心上发力而尽最后百分之一的努力,做到工作的极致。保融科技坚持每年从学校批量招收应届毕业生,愿意花时间耐心培养人才,积极承担社会就业压力。同时,保融科技坚持每年开展社会公益志愿活动,用实际行动带领员工回馈社会。无论现在还是未来,保融科技都与每一位奋斗伙伴共享经营成果。保融科技以提升全体奋斗者的物质与精神幸福感为经营发展首要,以恪守中国式现代化进程中民营科技企业应有的人文精神与社会责任担当为重要经营原则。

"爱人":爱员工,纳新生,贡献社会。

保融科技的创业信念体现在其公司名称中。"保融"的内涵是:"以财资科技为企业的资金融通保驾护航",达成保融科技事业如今的"科技高度"。在未来的发展中,保融人将进一步明智慧、通哲理,保持心志和顺,努力攀登保融科技事业的人文新高度,绘就一幅"明哲保和、毓金圆融"的新画卷。这里的"金"就是"资金流","毓"指"培养、发育、生成","毓金圆融"就是"让资金流得到越来越科学高效、向上向善的流转和运用,最终达到圆融之境"。

三、根植义利并举的"善经济"

保融科技之所以能够后来居上,其秘诀就在于坚持"义利并举"的理念。在创业初期,尤其是面对"义"与"利"之间的权衡时,经营者看重的是企业和员工的共同成长和客户成功,更多地选择了"义";正是这种对"义"的坚持,成为公司成长过程中始终秉持的核心经营理念,内化为保融人前行的动力,塑造了团队强烈的使命感,使公司在遭遇经营瓶颈时不断破局成长。

保融科技在创业早期,凭借技术的先进性在半年内便接下11家保险公司总部的项目订单,但随之而来的是前所未有的交付压力。这些项目都要求在接下来的半年至一年内完成,而当时团队实际规模只有40余人。为了应对这一巨大挑战,保融科技在收到预付款后,虽然迅速将团队扩张至140人,但真正的考验才刚刚开始。面对庞大的工作量和交付压力,尤其是需要同时研发.net和java两条技术路线的两套保险资金结算系统,保融科技的技术团队经受住了严峻考验,最终陆续完成了系统交付,虽然付出了难以估量的代价,但这正是保融科技对客户的"义"之所在。

在"保险根据地市场"的经营中,保融科技付出的重要代价是"不断攀升的企业负债"。在企业现金流紧张时,包恩伟抵押掉家里所有的房产之后,仍不足以解决问题,又通过向亲友求助、支付高昂利息的借款来保障公司员工的工资发放。在这个过程中,经营骨干团队中的许多人选择接受低于市场的薪资而仍旧保持积极的工作状态,有的员工为完成项目带着家人和刚出生的孩子长期驻守在北京以方便与客户沟通,好几位核心骨干说服家人拿出自己唯一的住房进行抵押借款,为公司筹措资金,让公司渡过一个又一个资金难关。保融科技的技术和产品就是在这样的艰苦条件下得以成长与突破，过程中淋漓尽致地体现了包恩伟和其核心骨干团队彼此之间的"义"，这也是保融科技对人的"义之所在"。

保融科技始终选择与那些具备共同价值观的伙伴携手共进，坚守"有所为，有所不为"，避免与唯利是图者为伍。保融科技内部常说的一句话是"走玄门正宗之路"。在面对资金困难时，保融人没有寻求外部融资，而是选择了一条更为艰难的道路，同时也是一条"难而正确"的道路，将个人和公司的命运紧密相连，义利并举，形成了一个"类集体制"的组织，同时也规避了可能的不良资本导致企业经营走向短视和非良性发展的境地。保融科技始终坚信，企业的成长更重要的是发挥人的力量，通过团队的不懈努力和坚守，能够克服重重困难，实现公司的稳步成长。

保融科技的团队成员与人为善、讲求义气；彼此间乐见其成、利他利己；面对困难，勇挑重担、不畏险阻、不受利诱，共同应对每一个挑战。包恩伟认为，这种"义利并举"的经营方式是一种"善经济"和"人文经济"的探索和实践。它深深植根于中华传统文化中"善"的人文理念。企业如人，也应"与人为善"，经营企业要"诚正信实"，绝不以盈利为唯一目的，而是凭着"相信世界美好"和"善作善成"的信念，怀着一颗"我本向善"的心和"勤劳肯干"的奋斗精神，坚守原则、顶天立地，以价值创造为导向，充满激情地做好每一件事。

四、遵循顶天立地的价值导向

"客户如天，员工是地。"做企业如同做人，都要"顶天立地"。

在保融科技，客户成功是"天"，这是"衣食父母"，也是最大的创新驱动源泉；保融科技奋斗者是"地"，是最宝贵的价值创造源泉，是保融科技一路脚踏实地、行稳致远的坚实地基。保融科技作为一家民营科技企业，在经营过程中并未盲目追求经营利润、一味追求目标或唯结果论，而是始终遵循以价值创造和客户成功为经营工作的导向。

创业之初，包恩伟并未系统学习过MBA课程或其他经营成功学，他的知识和智慧来源于朴素的个人自学和对团队集体事业的忠诚。随着企业规模的扩大，这种原始的"兄弟情谊"逐渐被更流程化的管理体系所取代。2013年，包恩伟加入浙江盛和塾。虽然早期的学习模式相对单一、不够系统，保融科技的经营管理仍受到潜移默化的影响。保融科技强调的价值导向，内在本质是"以信念为核心，以价值为导向"，不同于西方常用的关键绩效指标（KPI），而是追求"顶天立地"的价值目标设定和人文关怀，同时注重企业价值观的切实贯彻。

就这样，保融科技从创业伊始逐步形成的是注重价值创造和人文关怀的奋斗者文化，打造的是"守正气、讲团结、重和合、追目标"的创业氛围。这一时期，员工规模近200人。包恩伟率先垂范，与管理层身先士卒，让全体员工切身体会到"原来我的工作有如此的意义和价值"这样的大义名分，使他们从内心深处自发产生必须持续努力工作的愿望。[1]"这种光明正大的事业目的，最能激发员工内心的共鸣，获取他们对企业长时间、全方位的协助。同时大义名分又给了经营者足够的底气，可以堂堂正正，不受任何牵制，全身心投入经营。"[2]

2016年，方汉林担任保融科技总经理后，进一步导入现代科学经营管理体系，和原有的朴素经营管理模式逐步融合。2018—2020年，公司先后带领全体干部，从"顶天立地"开始总结、凝练，形成了保融科技"客户

---

[1] 稻盛和夫：《经营十二条》，曹岫云译，中信出版社，2011年，第7页。
[2] 稻盛和夫：《经营十二条》，曹岫云译，中信出版社，2011年，第10—11页。

成功、奋斗者为本，极致、创新、担当、协作"的完整的"顶天立地"核心价值观体系（见图1），从客户成功维度，保融科技自始至终摆正利益观，保持信念、坚持企业责任，向全员明确强调"三观不正的客户不碰""搞三搞四的销售不要"的立场，坚持自己的产品价格底线，在全力以赴最大限度提升为客户创造价值的同时，收取必要的合理费用。

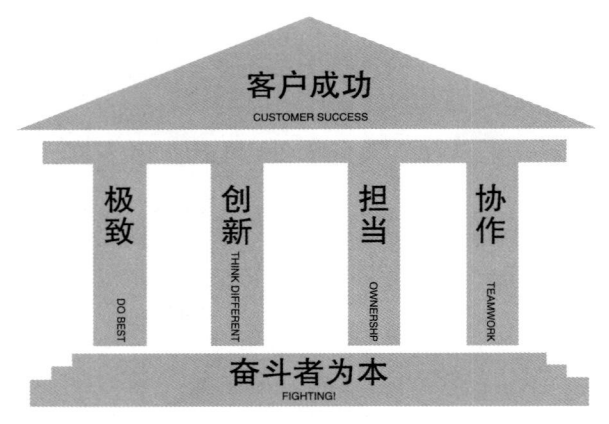

图1 保融科技"顶天立地"核心价值观体系

从奋斗者为本维度，保融科技从创业早期视员工为一起打拼的"兄弟"，到认为员工是公司最重要的资产，再到认为员工是公司最宝贵的价值创造源泉，经历一系列思想认知转变后，保融科技的人员规模发展到了600人。

一路走来，保融科技始终有清醒认识，行业内不少企业比保融科技起步更早、规模更大。保融科技之所以能后来居上，厚积薄发，靠的是坚定的信念和"顶天立地"的企业发展价值导向。只凭借公司有限的技术优势，是难以行稳致远的。包恩伟认为，保融科技的发展或许能给那些正在创业或有志于创业的人一些启示：有大义的信念，有正确的战略大方向和经营目标感，再加上不懈努力、守正创新和"熬得住"的精气神，大概率就能实现创业的成功。

五、追求"极致创新"而自强不息

做好保融人的"顶天立地",首要的就是"极致与创新"。极致与创新是保融科技倡导的在做事维度的核心行为要求。

对于极致,保融科技是这样诠释的:"有限资源情况下的最高质量交付"。极致是一定要有交付结果的,没有最高质量的交付,就谈不上极致。保融科技追求的是在资源有限的条件下,实现最高质量的交付,超越自我。要相信自己的潜力。潜力往往是有压力时,有一定要把事情做到极致的愿力才能激发出来的。保融科技相信,把当前的事情做到极致,下一步的美好会自然呈现。

对于创新,保融科技的诠释是"think different,验证到底"。创新始于思维,创新就要敢想,敢于突破习惯性的思维定势,去想一些不一样的东西,敢于求新求变。创新的核心是去验证"think different"所产生的假设。创新离不开客户,不论是现有客户还是符合公司业务发展战略的潜在客户;创新是为了给客户创造更大的、新的价值,核心就是验证客户潜在需求的假设和解决方案的假设。创新成于结果,创新的验证必须有一种坚持到底、百折不挠的精神。

在工作中,既要埋头苦干,追求极致,又要"抬头看路",不断创新发展。极致与创新,是保融科技"既要又要,不能再要"的做事内核。这不是保融科技的"贪婪",而是从深刻的经验教训中得出的总结。因为没有创新,往往做不到真正的极致;没有真正做到极致,创新也往往失败。

保融科技经历了一个从软件提供商到平台运营商的转型。正如稻盛和夫所说,"不断从事创造性的工作"。没有哪一家公司天生就有杰出的技术,能不能专注于创造性的工作,明天胜过今天,后天胜过明天,不断琢磨，不断改进，追求极致，精益求精，这才是能不能实行独创性经营的关键。[①]保融科技正是在这种努力工作中，成功研发了"融汇通"——一项为我国保险公司财务部门资金结算工作提供运营性技术服务的创新成果。通过集约化、无缝化连接保险公司与合作银行，提供7×24小时的优质服务，帮助保险公司实现资金结算流程的全面优化。

保融科技成立10余年来，已服务超过1000家大型企业集团及数万家下属企业，并在主营业务延长线上持续不断创新，推出专业财资管理软件、财资科技领域ARR（annual recurring revenue）营运性技术服务和财资交易场景下的技术促合服务等各个层次的丰富产品与服务，在持续提升企业财资经营绩效和能力的同时，助力企业善用金融。"创业即创新"是保融科技在实践中真切领悟到的真理。保融科技之所以能在激烈的竞争中存活下来并持续稳健发展，就在于始终坚守极致创新精神。即便在利润空间有限的领域，保融科技也能寻找到独特的生存之道，而这恰恰是许多同行未能做到的。正如包恩伟所说：

> 与前辈们可能更擅长资源整合和营销方法不同，我们70后更依赖于产品技术创新。我们在技术领域的专长，让我们在市场拓展时更容易得到业务部门的认同，但我们不擅长与IT部门或采购部门打交道，这使得我们在复杂的项目洽谈中可能面临很大挑战。保融科技在创业前期的做法是充分发挥自己的技术和创新引领优势，向意向企业客户展示未来财资管理行业的前沿理念和创新解决方案。当企业财务部门的负责人充分认同我们的观点时，我们就有了成功合作的可能性，就可以方便高效地和意向企业客户的财务部门近距离

---

① 稻盛和夫：《经营十二条》，曹岫云译，中信出版社，2011年，第46页。

交流产品方案。这一模式后来逐步成为我国各银行和行业友商纷纷效仿借鉴的方式。

民营科技企业的经营之路充满艰辛,如果企业缺乏核心竞争力将很难取得成功。只有具备创新精神,开发出引领市场需求的产品或服务,才能在竞争中立于不败之地。[1]

六、注重"担当协作"而行稳致远

做好保融人的"顶天立地",还必须做到"担当与协作"。担当与协作是保融科技倡导的在做人维度的行为要求。

对于担当,保融科技的诠释是"直面压力,敢挑重担,勇于负责"。个人要在团队真正发挥作用、创造价值,是一定要有担当精神的。保融科技说的担当,一是在压力和挑战面前不退却、不畏惧,敢于直面;二是敢说敢做,有勇气、有能力挑起重担;三是勇于为结果负责,即使面对最坏的结果,也有发自内心的勇气愿意为此承担责任。

稻盛和夫认为,领导者必须具备对部下的"强硬指挥力"。无论企业规模多小,一旦做出决策,都要以洞穿岩石般的坚强意志力贯彻执行。然而,领导者在持有强硬领导力的同时,也必须兼备可以否定过往不当决策的谦虚精神。因此,企业领导者要在"独断与协商""强与弱""无情与宽容"之间游刃有余,谦虚谨慎与坚强领导缺一不可,要擅于调和矛盾。[2] 这也是保融科技认为领导者应具备的担当。

对于协作,保融科技的诠释是"信任伙伴,1+1>3"。个人的力量是

---

[1] 源自课题组 2024 年 7 月 20 日对包恩伟的访谈。

[2] 稻盛和夫:《活法叁——寻找你自己的人生王道》,蔡越先译,曹岫云审校,东方出版社,2009年,第30—31页。

有限的，要赢得客户并为客户创造更大的价值，以实现更高绩效，就必须协同作战。协作始于对伙伴的信任。保融人都坚信，只有彼此信任，才能真正实现有深度和力度的协作，通过协作才能发挥团队优势，打造高绩效团队，最终切实做到"1+1 > 3"。

包恩伟认为，无论是同行还是身边的朋友，他们在创业路上遭遇挫折，往往是因为企业经营团队中某一环节薄弱，甚至是因为选择了不合适的合作伙伴。为了眼前的生存与发展，公司有时不得不妥协，但这只能暂时解决问题，一旦短期挑战过去，隐藏的中长期问题便会浮现。因此，保融科技努力确保团队没有短板，每一个部分都坚实可靠，避免所谓的"木桶效应"。这也是保融科技成功的关键。

随着保融科技团队规模不断增大，更加需要协作精神。保融科技的协作体现在"'双子星'的和合精神"、全体干部认真贯彻的"保融领导力模型"和全体保融人都积极倡导的行为规范三个层次。保融人坚信，"既要有担当，又要有协作"，只有具备站在拔高一层看问题的思维，才能建立辩证统一的认知，这也是保融科技事业所需要的专业性和复合性要求——单靠个人英雄主义是无法赢得战斗胜利的，必须依靠团队合作。没有伙伴的协作，个人往往无法完成复杂任务，从而也无法真正有所担当。

保融科技团队坚守"顶天立地"的价值观，既追求远大的目标和抱负，又脚踏实地、守正创新，共同铸就了强大的组织力。这种基于信任和共享的"担当协作"精神，是保融科技不断前进的动力源泉，也是企业行稳致远的关键因素。

七、探求"有机"经营而良性循环

企业是一个有机生命体，这也是保融科技所坚持的一个发展理念。保融科技的成长之路，就是探求企业"有机经营"之道的过程，需要经历数据驱动经营、数字化经营、人文化经营再到全面有机化经营四个阶段。保融科技目前处在第二阶段并朝着第三阶段迈进中。

2016—2020年，保融科技完成了第一阶段，在明确的企业使命和愿景的指引下，建立了相对应的、较为完善的目标管理和数据驱动体系。2020年后，随着数字化技术的进步，方汉林带领保融科技进一步细化管理的颗粒度，开始逐步实施数字化转型升级，把企业客户的财资管理系统建设过程理解为一项类似建筑工程的"管理工程"，不断细化经营数据指标，覆盖从意向客户的线索开始，到形成合同、进场交付、项目竣工、收到款项等经营全过程的上百个量化数据标签，这些数据实时呈现或至少按周滚动，目的在于以更细颗粒度实时动态地呈现业务过程。目前，保融科技正在将过往的数字化经营经验进一步转化为一套数字化经营系统，让各个部门、各个虚拟核算单元的员工可以同时使用，使业务流转和数据核算状况动态可视，运用在各个层级经营管理工作中，尤其是日常决策之中。

数字化经营是当代中国民营企业在新时代面临的重大课题。通过细化经营数据指标，将数字化技术应用于研发、交付、商务等各个工作环节之中，可以实现更为透明、精确的绩效评估和责任界定。这种方式的本质类似于稻盛和夫的阿米巴经营模式，以阿米巴为单位实行"单位时间核算制度"，旨在划小核算单元，使每个核算单元都能像独立企业一样运作。这样，谁都可以清楚地了解部门的工作成果，每一名员工都必须具备经营者意识，都必须认真思考如何提高自己所属的阿米巴的"单位时间效益"，并付诸实践，进而提高效率和透明度。[①]数字化经营不仅关于业绩数字及算法，还包含人的工作行为数据、团队协作数据和人文数据等。例如，响应

---

① 稻盛和夫：《京瓷哲学：人生与经营的原点》，周征文译，东方出版社，2016年，第486页。

时间和闭环反馈机制可以作为衡量团队协作质量的重要指标，提升团队的整体表现。

保融科技提出的"有机经营"概念，强调了企业在经营管理上应当被视为一个有机的生命体。在精细化管理和数字化经营达到极致的情况下，企业可以实现对所有经营活动的数字化呈现，这不仅包括业务流程，也可以涵盖涉及人文关怀和工作状态维度的行为表现，从而支持企业朝着以数字化经营为基石的人文经营阶段演进。人力资源管理也可以从传统的人事管理、人资管理到面向未来的心力管理的经营层次，反映企业对员工全面发展的重视。这要求企业领导者不仅要关注员工的专业技能和绩效，还要关心他们的身心健康和个人成长，从而建立更加和谐美好、共同发展的工作环境。这与稻盛和夫所说的人文精神相吻合。

人文经营理念的实践始于员工用餐，保融科技将其命名为元餐厅。元餐厅的设立就是为了员工的身体健康着想，餐品的安全和品质永远是在第一位。安全性体现在诸如不用转基因食材和含转基因原料的调料，清洗过程中增加物理去农残环节等措施。为了实现"吃得值、吃得起、吃不厌"的目标，保融科技对元餐厅的管理采取了相应措施：一是每周更新菜单，不设固定菜单，制订菜单时充分考虑时令性、性价比，例如会不会因运输而导致菜品损坏过重，是否适合现场再次加热等问题；二是采用预约制，根据预约数量向厨房下达需求，厨房会在用餐当日清早进行采购，这样既避免了厨房的浪费，又保证了食材的新鲜；三是与周边本地餐馆生态合作，既避免了单一供应商的弊端，也满足了员工饮食的多元化需求；四是实施杠杆激励措施，将定价权交给餐馆，而不是保融科技提供固定餐标的方式，保证了餐馆在成本基础上的稳定毛利空间，从而达成了生态和合、利他自利的内在机制，这种机制既保护了厨房的经济利益，也激发了他们提供优质服务的动力。

在"元餐厅"的基础上，保融科技还推出了员工的"任性付款"模式。员工在基准价格的基础上，可以根据自己的用餐量和满意程度自主决定支付的金额。这种模式不仅是对传统就餐方式的一种革新，更是企业"有机经营"哲学的生动体现，它充分展现了企业对员工的信任、尊重，同时也有效激发了员工内心的善意与责任感。也正是因为这项小创举，厨房会持续保持菜品品质。不仅如此，保融科技正在进一步探索如何构建一个让各方都满意的员工服务生态系统，并提出"元餐厅"不仅是一顿餐的人文理念，更是助力保融科技创建一个健康、互助、可持续的内部人文环境的具体体现，从而构筑一个充满生机活力的企业生态系统，为保融科技的人文经营战略打下基石。

此外，保融科技还建立了党建、工会、妇联和新阶层联谊会等组织，通过"同心圆"策略将这些组织紧密联系在一起，形成一个越来越强有力的组织集体。这种集体主义的构建，不仅体现在企业内部，也体现在公司对社会责任的承担上，例如每年带领员工参加爱心献血、社会救助、公益服务等，致力于构建一个更可持续发展的有机经营生态。

包恩伟提出了"利他共善，生态和合，万物皆数，商道自然"的发展理念，并力求在实践中实现这一愿景。"利他共善"的原则确保了企业关注的焦点始终是员工的福祉，以及每个合作伙伴的共同利益；"生态和合"意味着公司致力于将生态化理念渗透到企业日常运营及与外部合作伙伴的每一个交互细节中；"万物皆数"充分运用了数字化、智能化技术带来的价值创造，进一步提升经营的透明度和运营效率，并确保企业生态系统持续健康运转；"商道自然"则告诉我们，当以上原则、理念、技术得到遵循和贯彻后，商业的美好结果会自然而然呈现。

当下中国正处于一个伟大的新时代。包恩伟深刻体会到，在企业经营中将集体主义与个体自由意志有机相融，可以激发出意想不到的活力和正面效果。他坚信，真正的生态理念不应仅仅停留在理论层面，而要在日常经营中得到具体体现。科技进步的确是核心竞争力，而在构建企业内部生态系统时，集体主义和利他文化同样重要。企业经营中的生态构建，需要考虑到每个环节的需求和平衡，通过数字化手段实现透明化管理，同时保持对员工的尊重与关怀，对外部伙伴和社会生态的良性衔接，从而形成一种更有包容性和利他利己的经营发展环境，这就是生态化的"有机经营"。

八、发扬"四坚"精神而不惧远征

稻盛和夫在《经营十二条》中说道："经营取决于坚强的意志——经营需要洞穿岩石般的坚强意志。"经营就是经营者意志的表达。一旦确定目标，无论发生什么情况，目标非实现不可。如果一味向下调整目标，遇到困难就打退堂鼓，必将丧失投资者和企业员工的信赖。保融科技在成长过程中面临重大挑战时，正是坚定的意志和非常的措施支撑着他们不断前行、渡过难关。

2011年，保融科技遭遇了前所未有的困境，资金的压力、交付能力受限、项目延期、客户不满、无休止的工作负荷、日渐弱化的团队士气、研发骨干群体质疑等问题扑面而来。关键时刻，公司带领核心骨干和研发团队在杭州安吉"藏龙百瀑"召开了一场意义非凡的会议。会上，包恩伟向团队坦诚分析了公司现状，并展望了公司的未来。保融科技已在着手开展软件业务的创新发展，也即后来的"融汇通"运营性技术服务。保融科技未来不仅是一家软件公司，更要进军生产性服务业，为金融更优质地服务企业搭建数字化桥梁，构建新的业务模式。他诚恳地请团队给予他半年的时间。他确信，光明就在前方，只是大家尚未完全感知到；并承诺如果半年内他们无法看到明显转机，就帮助团队成员去寻找更好的工作机会。对于软件公司而言，研发能力是核心竞争力，一旦团队解散，公司将不复存在。包恩伟的恳切与决心感染了团队，他们选择了相信，决定与其共渡难关。

危中有机。随后几个月，团队迸发了更强的凝聚力和战斗力，随着一个一个客户项目的交付，面临的压力逐步消除，团队看到了来自客户的表扬信后更加鼓足劲加油干。当时中国保监会财会部关注到保融科技不懈努力的成果，并在行业会议上充分肯定了保融科技为中国保险行业"零现金"管理及信息化进步做出的贡献。保融科技不仅成功渡过了难关，还实现了业务的升级和企业的成长。

坚持与意志力在企业经营中扮演着至关重要的角色。坚持是许多人在面对困难时难以做到的品质，但正是这种坚持，帮助保融科技渡过了最艰难的时期，为未来打下了坚实基础。保融科技经营团队将这样的坚持归纳为"坚如磐石的信念，坚持不懈的努力，坚定不移的信心，坚韧不拔的意志"的"四坚精神"。保融科技从最初的小型创业公司成长为如今的行业中坚，每一步都凝聚了保融人的智慧与坚守。

展望未来，保融科技将继续发扬"四坚精神"，守正创新，在探索"有机经营"和"类集体制"的经营道路上稳步前行。尽管未来的道路注定充满挑战，但保融人坚定信念，不惧远征，致力于探索并践行中国民营科技公司应有的人文精神、经营哲学和管理方法，致力于为全体保融人的共同进步与共享发展不懈奋斗，致力于推动金融更好地服务实体经济，为国家财资力的提升贡献一份绵力。

结束语

保融科技从小规模起步，到成长为一家中大型软件企业，其经营理念和管理方法在不同阶段有着显著变化。在早期，企业规模不大时，经营者可以直接与员工密切沟通，这时转变经营之心，构建基于"义利并举"的利他利己文化，是最为适宜的。然而，随着企业规模的不断扩大，管理日益复杂，如何在保持初心的同时实现规模化经营，成为新的挑战。保融科技在经营过程中逐步意识到，中国的中小民营企业在发展过程中，在经营哲学和管理思想上，既要学习其他国家的先进经验，也要结合中华传统文化和国情，形成贴合自身的模式。在这个过程中，企业经营者的内在转变是关键，必须全心全意为企业发展和员工福祉着想，这与党和国家的政策导向相契合，也符合社会的期待。

"集众人之私，成一人之公"，以人为本是基础，心上发力是关键，最终实现凝心聚力，形成更强大的集体力量。保融科技正沿着一条具有中国特色的集体主义发展道路前行，这条道路融合了技术、人文和集体智慧。包恩伟、方汉林作为企业内部"二元和合"的中坚内核，加上拥有公司股份的一大批骨干成员，共同构成了保融科技持续长足发展的坚实保障。通过团队的共同努力实现共同发展，这正是保融科技企业文化的精髓所在。

可以说，保融科技正在探索和实践一种"类集体制"模式，即在保持企业效率和市场竞争力的同时，强调公平和共享。这一模式结合了西方的公司治理结构，如股东会和董事会，同时融合了东方"集体主义"思想和中国"天地和合"的传统文化思想，体现了保融科技企业文化的独到之处。在推动企业集体主义的过程中，公司基于数字化经营系统，不断完善透明的量化评价体系，对员工的价值创造进行公正评估，并以此作为包括股权分配在内的长中短期激励的依据，鼓励员工为企业的长期发展贡献力量。企业既强调目标达成的重要性，也强调团队协作的必要性，"既要又要，不能再要"已成为工作思维习惯，有效地激发员工的个体能动性，并引导形成"为伙伴尽力"的利他自利性；树立"作为人，何谓正确"的判断基准，始终"按良心办事"；在完善常规的经营管理体系的同时，保融科技还同步建设了企业党建、工会、妇联等组织，增强团队凝聚力和组织力。这些组织不仅有助于内部管理优化，也切实促进了企业对员工的成长关怀和社会责任担当。

通过这一系列机制，引领企业向着更加数字化、透明化和可持续成长的方向发展。保融科技所追求的集体主义，建立在技术、人文、共享和学习的基础上，不仅促进了企业内部的协作与进步，也为社会的可持续发展做出贡献。保融科技的案例给我们以启示：中国民营企业能够创新性地发展集体经济的模式，通过构建新型的企业生态，实现可持续发展，为社会创造更多价值。这一过程不仅是对企业经营智慧的考验，也是对中华传统文化与现代管理思想融合的一次实践。企业经营是一场"马拉松"，需要持久的耐力和智慧。保融科技的探索和实践，为中小民营企业的成长发展提供了一套可借鉴、可持续的经营哲学和管理方案。中国民营企业也许可以在集体主义的道路上走得更远，为国家的繁荣和社会的和谐做出更大的贡献。

中国与世界

以东方生活美学促进人类健康与美好生活

浙江飞剑科技有限公司

引言

近年来，稻盛哲学在中国得到了广泛传播。稻盛哲学本质上是一套简单易懂的人生智慧，其阿米巴经营模式也并不复杂。换言之，稻盛和夫的成功模式是可复制的。浙江飞剑科技有限公司（以下简称飞剑公司）在学习并践行稻盛和夫的普遍哲学的过程中，逐步形成了自己独特的企业经营模式。

飞剑公司是一家集研发、生产、销售智能健康杯壶为一体的领军型企业，成功地从贴牌生产商（OEM）转型为拥有自主品牌的企业，生产产品近25个系列300多个品种，覆盖了商务办公、居家生活、户外运动等多个使用场景，并开拓了高端礼品、精品百货、大型商超等多种渠道，产品远销50多个国家和地区，与国际知名品牌建立战略合作关系，并为其提供高端定制服务。

在中国式现代化和中华民族伟大复兴的历史进程中，飞剑公司凭借其鲜明的主人翁意识，开创性地探索了一种独特的企业经营模式，即以东方生活美学为核心理念，致力于促进全人类的健康与美好生活。东方生活美学源自中国人的实际体验，是将中国传统文化与现代生活方式结合的一种尝试。从哲学角度来看，它探讨了特殊性与普遍性的关系；从地域角度来看，它反映了中国与世界的关系。飞剑公司的实践探讨了如何将东方生活美学作为一种哲学理念应用于日常生活和工作中，并通过将这种美学理念融入小商品的生产和销售，展现了中国智造不仅服务于中国市场，还影响全球，促进人类的美好生活。

这一模式不仅深刻体现了稻盛哲学对中国企业的人力资源管理和企业战略产生的深远影响，更彰显了中国企业在全球化进程中，如何让中国文化走出去。飞剑公司将这些先进的理念与中国深厚的文化底蕴相融合，并将自己的产品打造为传递东方生活美学的文化载体，从而在全球范围内推广和传播中国文化的价值精义，为促进人类文明的多样性和共同繁荣贡献自己的力量。就此而言，飞剑公司不仅是一家中国企业，更承载着世界的意义。

一、一颗"向稻"的种子

稻盛和夫认为，哲学就是指导我们设定目标、采取行动的思维方式，也是我们的行为规范。[①]正确的哲学是指导企业航向的灯塔，用正确的思维方式去实现心中的梦想，不仅是个人成功的秘诀，更是企业经营中不可或缺的智慧。

在过去的20年经营历程中，飞剑公司创始人夏飞剑曾经历过无数的挑战，时常为新品开发、业绩提升、品牌渠道建设等种种难题所困扰。面对如何让企业持续发展并走向成功的难题，他感到焦虑与迷茫。在技术与市场的重重考验下，夏飞剑意识到，在市场中要立于不败之地，除了注重产品创新和市场策略外，个人的成长与学习同样至关重要。于是，他开始积极参与各类培训和讲座，以期提升自身的管理能力和拓宽视野。

2014年，经人引荐，夏飞剑在杭州聆听了被誉为"日本经营之圣"的稻盛和夫的演讲，主题为"经营者的干法"。正是这次经历，在他心中埋下了一颗"向稻"的种子。当时，飞剑公司正处于寻求突破与成长的关键阶段，渴望在复杂多变的市场环境中找到一条更好的企业发展之路。

稻盛和夫的分享以"干法"为核心，深刻阐述了实践和行动对于企业

[①] 稻盛和夫：《心：稻盛和夫的一生嘱托》，曹寓刚、曹岫云译，人民邮电出版社，2020年，第22页。

发展的重要性。他强调，只有持续努力和改进，才能推动事业不断前行，实现跨越式发展。这一观点让夏飞剑深感震撼，同时也让他看到了飞剑未来发展的无限可能。因为稻盛和夫所谈及的问题，也正是他所面临的，而稻盛和夫透过现象看本质，总结出了解决这些问题的思维方式和方法论，也就是稻盛哲学。更重要的是，稻盛哲学已经帮助无数像飞剑公司一样的中小企业获得成功。

稻盛和夫阐述的"无论如何也要让事业成功"的强烈愿望，激励着夏飞剑在面对市场竞争和经营挑战时，无论遇到多大困难都坚持带领团队勇往直前。他深信，只要他们齐心协力、不懈努力，飞剑公司定能克服困难，实现目标和梦想。而"水库式"经营理念则让他认识到，企业经营要具备长远眼光和稳健策略，注重资源的积累和能力的培养。只有像水库一样不断储备力量，他们才能在市场波动中保持稳定和持续发展，以应对未来的不确定性和挑战。自此，夏飞剑内心笃定，稻盛和夫就是他人生的导师和榜样，学习践行稻盛哲学并构建飞剑哲学和经营体系，就是飞剑未来努力的方向。

在首次接触稻盛哲学后，夏飞剑开始广泛阅读《活法》《干法》等稻盛和夫的经典著作。最初，他虽未完全领悟其中的深意，却深受启发，决心深入探索并实践稻盛哲学。2016年，夏飞剑率领公司高管赴杭州参加浙江盛和塾培训，在公司正式导入了"稻盛和夫经营哲学体系"，公司各部门展开每日的哲学学习之旅，研读《活法》《干法》《六项精进》等书籍。虽然当时尚未有完整的哲学手册作为参考，但团队成员们依然坚持逐段学习，并分享彼此的心得和体会，逐渐加深对稻盛哲学的理解。

学习稻盛哲学，不仅是为了解决眼前的困境，更是为了在未来的道路上走得更远、更稳，夏飞剑深刻体会到，稻盛哲学不仅是一种管理方法，更是一种人生哲学和价值观的体现。它教会了人们如何面对困难，如何坚持不懈地追求目标，以及如何在变化莫测的市场中保持冷静和洞察力，从而为飞剑的未来发展注入了新的活力和动力。

二、"笔杆子"和"枪杆子"

拿破仑曾言："世上有两种力量：利剑和思想。从长而论，利剑总是败在思想手下。"这句话深刻揭示了思想力量的重要性。1939年12月，毛泽东在延安各界纪念一二·九运动四周年大会上说："如果知识分子跟八路军、新四军、游击队结合起来，就是说，笔杆子跟枪杆子结合起来，那末，事情就好办了。"[①]毛主席"笔杆子"和"枪杆子"结合起来的思想精准地揭示了组织建设的本质。"枪杆子"指物质力量，"笔杆子"指的是思想权，在长期的革命斗争中，中国共产党成功地将"笔杆子"和"枪杆子"结合起来，通过统一思想，使组织内部团结一致，心往一处想，劲往一处使，形成了强大的革命力量。

对于企业来说，"枪杆子"指向的是企业经营、技术创新等实际行动，"笔杆子"则是公司上下的思想与文化共识。思想是行动的先导，行动是思想的反映。稻盛和夫从初创京瓷之时，就十分注重统一全员的思维方式，后来参与重建日航，首先做的事情也是阐述他一以贯之的思维方式、理念和行为规范。他认为，当全体员工的力量向着同一个方向凝聚在一起的时候，就会产生成倍的力量，创造出惊人的成果。

2017年，飞剑公司尝试通过引入阿米巴模式来解决问题，旨在通过精细化管理提升效率。初期，公司依据生产工序的复杂程度、耗时、原材料成本及产品设备投入等因素，对现有产品进行初步定价，并以二级巴为单

[①]《毛泽东文集》第2卷，人民出版社，1993年，第257页。

位进行经营核算。经过一段时间的实践，公司车间管理人员的思维方式显著转变，他们开始有了数据意识。2019年，公司正式启动了"阿米巴薪酬激励管理系统"项目，明确了各岗位员工的分工，逐步优化了员工自我价值实现的平台，构建了符合飞剑公司特色的阿米巴薪酬激励管理系统。

然而在实践过程中，飞剑公司发现，他们对阿米巴经营尚未有深入准确的理解，认为它仅仅是一个可以快速上手的工具，从而导致各部门过度自我中心化，形成了难以逾越的"部门墙"，阻碍了业务交付效率，客户投诉不断增加，影响了公司的声誉和长期发展。于是，夏飞剑认识到，哲学不仅是公司文化的核心，更是推动公司稳健前行的灯塔，阿米巴经营并非孤立的管理技术，而是建立在稻盛哲学这一基础之上的。正如稻盛和夫在其著作《阿米巴经营》中所阐述的，阿米巴经营的精髓在于激发员工的自主性和创造性，实现全员参与的经营。因此，他决定暂缓阿米巴经营模式的推进步伐，认为要真正做好经营，发挥阿米巴经营的力量，必须回归原点，从学习哲学开始。

起初，学习哲学的进程是缓慢的，效果也不明显，因为它涉及人心的统一；但辩证地看，慢亦是快，这恰恰是最快的路径。毛泽东在延安时期带领队伍学习哲学的实践证明，在关键时刻，统一思想的力量无比强大。哲学的学习不是例行公事，而是深入内心的领悟和实践。在这个过程中，员工和管理层的意识不断进步，他们不再满足于完成基本任务，而是追求在各自岗位上发挥最大的价值，开始深入思考如何将工作成果转化为对社会的贡献，以及如何通过自身的努力提升生活质量。最终，他们发现，看似由单一项目或业绩驱动的成功，实则是团队全体成员共同努力的结果。当团队的心齐了，人人都是经营者，就会统一方向、形成合力，即便初期进展缓慢，随着时间的推移，这种力量将产生巨大的乘数效应，带来指数级的增长。因此，集团化作战的关键在于人心的凝聚，只有当每个人都朝着同一个目标前进，才能实现真正的高效和卓越。

通过引入哲学思想，发挥"笔杆子"的理论引领作用，飞剑公司阿米巴经营模式的实施效果得到显著增强，不仅加强了员工的凝聚力和使命感，还提升了员工的核算意识及经营管理能力。可见，成功的企业不仅要有先进的经营管理和技术，更要有坚实的价值观和哲学理念作为基石。在"笔杆子"与"枪杆子"的有机结合下，飞剑公司成功克服了初期的挑战，并建立起以飞剑哲学为核心的企业文化。

三、从"稻盛哲学"到"飞剑哲学"

正确的哲学，不仅是理论上的自洽与深刻，更需在实践中展现其改变世界的力量。稻盛哲学为企业提供了一种宝贵的思维方式和价值导向，但它并非万能钥匙，在具体实施时必须结合企业的具体情况和个人经验进行灵活调整。有些企业经营者可能在初期对稻盛哲学持怀疑态度，甚至有些急于求成，期待短期内就能看到显著成效。事实上，哲学的效用并非立竿见影，它是潜移默化的，稻盛哲学蕴含着许多深刻的管理思想和生活智慧，但真正理解和应用这些智慧并非易事，需要在实践中不断深化和内化。夏飞剑认为，很多时候，在尚未亲身经历过某些具体情境之前，对于稻盛哲学的某些理念可能只能停留在表面的理解，唯有"边学边用，边用边学"，才能在学习与实践之中真正领悟到这些理念的深层含义和价值。

通过实践、反思与总结，飞剑公司将稻盛哲学的精髓融入企业，逐渐形成了自己的飞剑哲学。飞剑哲学自2017年起，经历了从1.0版本到3.0版本的迭代，这一过程体现了从初步理解到实践融合再到创新发展的轨迹。它不仅彰显了飞剑公司对稻盛哲学的深入学习和应用，也反映了公司在企业管理实践上的不断探索和完善。

在1.0版本阶段，"相信"是飞剑哲学的起点，意味着只有真正认同稻盛哲学的价值，才能将其付诸实践，这不仅是口号式的或理论上的接受，更要在日常管理和决策中有所体现。当时飞剑公司正处于对稻盛哲学的初步接触阶段，尝试将阿米巴经营与企业实践相结合，面对疫情等外部挑战，飞剑公司更加深刻地认识到，哲学的深度内化和全面应用是企业持续发展的关键。因此，这一阶段强调"相信"的重要性，它如同一个开关，开启了深入实践稻盛哲学的大门。

在2.0版本阶段，飞剑公司开始注重哲学与战术的结合，强调战略层面的思考和布局，同时将稻盛哲学的核心原则融入企业文化和日常管理中，实现了理念与实践的深度融合。这一转变使企业展现出更强的韧性和活力。

进入3.0版本阶段，飞剑哲学再次升级。通过一系列学习活动，如读书会、研讨会和标杆企业游学，飞剑公司与员工共同探讨和理解稻盛哲学的精髓，并总结出了70条作为企业哲学基石的核心原则。这些原则的确定充分考虑了其适用性和实用性，使之能够贴近企业实际，引导员工在面对挑战时做出正确决策。飞剑公司采取集体朗读、讨论和表决的方式，确保每一条原则都能得到员工的广泛认同。这一过程不仅加深了员工对哲学的理解，还增强了团队的凝聚力和向心力。如今，这70条原则已成为飞剑公司企业文化的重要组成部分，指导着员工的日常行为和决策，促进了企业持续发展。

不仅如此，飞剑公司还将党建与稻盛哲学深度融合，将党的领导贯穿于高品质产品生产的全过程，并渗透到企业的日常运营和员工的个人成长中，开创了一种独特的企业发展模式。这种模式既保留了传统党建的精髓，又吸纳了现代企业管理的先进理念，是传统智慧与现代管理思想相结合的创新尝试。

飞剑公司强调党建在推动新质生产力发展中的重要性，注重将党建工作转化为引领企业发展的动力，要求党员在企业中发挥先锋模范作用，带领全体员工共同奋斗。其倡导的党建模式强调将党的宗旨与企业经营目标相结合，重视企业社会责任，确保合法合规经营，同时追求员工福祉和社会贡献，这与稻盛哲学中的"利他主义"和"全员参与"理念高度契合。

在具体实践中，飞剑公司通过党建引领企业文化建设，鼓励员工参与公益活动，提升员工的归属感和幸福感，关注每位员工的成长，将员工视为企业发展的基石；同时，飞剑公司将影响范围辐射到供应商和客户群体，努力提升供应链整体水平，引导供应商学习先进管理方法，共同营造健康、和谐的商业生态；此外，飞剑公司还强调企业的社会责任，积极参与公益事业，回馈社会。他们认为，企业不仅是经济实体，更是社会公民，应承担起促进社会和谐与进步的责任。通过将党建引领与企业文化、社会责任紧密结合，飞剑公司致力于构建一个兼具经济效益和社会价值的企业。

四、东方生活美学的传承与交汇

东方生活美学是一种注重和谐、平衡和自然的生活方式，它深受传统文化的影响，追求的是一种"天人合一"的境界。在这种美学理念下，人类与自然是一个不可分割的整体，人类应当尊重自然、顺应自然，与自然和谐共处。这与稻盛和夫的"敬天爱人"理念是内在融通的。稻盛和夫认为企业应遵循自然法则，尊重客观规律，共同倡导一种顺应自然、尊重生命、关爱环境的生活方式。他更进一步强调，以关爱他人之心经营企业，以此实现个人与社会的和谐共生。在他看来，成功的关键在于拥有一颗利他之心，通过帮助他人实现自我成长和幸福，最终也能成就自己。东方生活美学也体现了一种以人为本、以和为贵的文化，注重人与人之间的和谐相处，倡导以礼相待、以诚相待。人们在这种东方生活美学体验中不断提升自我、完善人格，最终达到人与自然、人与社会、人与自我之间的和谐共生。

飞剑公司将这一传统文化底蕴与现代科技创新相融合，通过手工艺品的精细制作与环保材料的创新应用，实现了传统与现代的完美交汇。例如，飞剑公司推出的一款独特的竹编工艺保温壶，采用了中国非物质文化遗产——四川瓷胎竹编技艺，每一道编织工序皆由当地非遗传承人亲手完成，使得每一件作品不仅是一件实用的日常用品，更是承载着历史记忆与匠人匠心的艺术品，彰显着对传统工匠精神中注重细节与品质的坚守，因其兼具卓越性能、便携设计以及东方文化韵味，曾在接待外国政要时作为国礼赠送，并受到了波兰前总统和哥伦比亚前总统的高度评价。

东方生活美学体现了一种深层次的文化交融与理念共鸣，是一种追求万物和谐、利他、持续努力与精益求精的生活与工作哲学。围绕这一核心理念，飞剑公司逐步构建并拓展"传家"系列产品线，旨在形成一个丰富多元、各具特色的品牌矩阵，为消费者带来全方位的东方生活美学体验。

正如稻盛和夫的成功方程式强调了持续不懈的努力的重要性，认为只有付出不亚于任何人的努力，才能取得真正的成功，飞剑公司将工匠精神中的精益求精与持续努力的价值观深度融合，在生产过程中融入东方生活美学，通过巧妙结合传统文化与现代设计，使得杯壶这一小商品既具有实用性，又富含文化底蕴，不仅为消费者带来独特的美学享受，提升了产品附加值，而且满足了消费者对美好生活的追求，提升了他们的生活品质。更重要的是，东方生活美学蕴含深厚的中国文化底蕴，通过小商品这一载体，中国文化得以跨越国界，传播到全球各地，让更多人了解和欣赏中国文化。

五、厚道做人，勤恳做事

在当代中国的商业环境中，融合东方生活美学和稻盛哲学的经营理念，能够帮助企业在文化传承与现代化发展的双重挑战中找到平衡点，既有助于增强企业的文化认同感和市场竞争力，还能推动企业朝着更加可持续和人性化的方向迈进，从而实现企业与员工、社会和环境的共赢。对于中国企业而言，这种美学理念不仅能够提升企业的品牌认同感，还能够在产品和服务中注入独特的文化价值，为其长远发展奠定坚实的文化基础。

中华传统文化自古以来一直围绕着如何做人、如何做事进行哲学思考，因而也被称为"道德性命之学"。它教导我们要以厚德载物之心做人，秉持诚实守信、仁爱宽容的原则，修养身心，提升品德；同时，以勤勉不懈之志做事，无论面对何种挑战，都应坚持不懈，精益求精，以实际行动践行"天道酬勤"的古老智慧。这不仅是一套行为规范或伦理准则，更是一种深邃的智慧，镌刻在中华民族的文化基因之中，引导着人们在内修心性、外化行为上不断追求更高的境界。

夏飞剑从小在这一文化传统的熏陶下长大，有两位长辈对他影响至深：一位是他的奶奶，另一位则是他的父亲。他们的思想与行事理念为他创业发展的道路奠定了坚实的基础。夏飞剑出生于1980年代浙江永康的一个小村庄，那时经济普遍不发达，他的奶奶十分乐于帮助邻里乡亲，无论是红白喜事，只要她能帮得上忙，即便在自己身体欠佳的情况下，也依然会以饱满的热情伸出援手。每当农忙的时候，他们家也会得到许多亲朋好友的帮助。多年后学习了稻盛哲学，夏飞剑才明白奶奶身上的这种精神叫"利他"。也正是因为有这样一位富有利他精神的奶奶，才培养出了他勤恳踏实的父亲。

夏飞剑的父亲是一名铁匠，平时沉默少言，勤勤恳恳，幼年的夏飞剑总是看见他埋头干活的身影，不论刮风下雨，他都坚守在自己的岗位上。不仅如此，父亲在打铁时还要求自己的铁器产品一定要做得精细、耐用，对待客户一定要讲信用，接受投诉的时候态度一定要端正。父亲的这种精神也深深感染了夏飞剑，他将其总结为"厚道做人，勤恳做事"，并把这句话作为"家训"。

自创业以来，夏飞剑一直坚守着"厚道做人，勤恳做事"的本心。"厚道做人"源于儒家的仁爱与诚信思想，指的是在待人接物、日常交往中以诚相待，言行一致，讲究诚信与仁爱。"勤恳做事"则秉承了勤劳勇敢、自强不息的民族精神，以及对工匠精神的追求，它强调在工作中要脚踏实地，认真负责，以高度的敬业精神投入每一项任务。"厚道做人，勤恳做事"既传承了中国人立身处世的传统美德，也与稻盛和夫的利他哲学有着深度的内在契合性，是东方文化中探索实现个人价值与社会和谐的重要途径。如今，这一理念已经成为"飞剑家训"，是每一位飞剑人应遵循的行为准则，是飞剑公司现今发展成就的文化根基。飞剑人相信，只有厚道做人，才能赢得他人的信任与尊重，形成良好的人际关系与合作氛围；同时，不论工作大小，都应尽心尽力，精益求精，追求卓越。只有将这一准则贯彻到日常工作与生活中，才能共同创造一个和谐、幸福的飞剑大家庭，推动企业持续健康发展。

六、以心为本，行善利他

稻盛和夫认为每个人降生于世，生存于世，本身就有价值。然而，人的价值不局限于存在本身，更在于我们所拥有的智慧与理性，这就是中华传统文化所讲的"惟人万物之灵"（《尚书·泰誓》）。人应该具备超越存在的伟大价值，这种价值就在于人能够为社会、为世人做出贡献。因此，企业的成功不应仅仅追求自身利益最大化，还应通过帮助他人、贡献社会来实现更广泛的价值。这种利他之心不仅有助于企业的长期发展，更能促进社会整体的进步。

稻盛和夫的"敬天爱人"与利他之心，以及扎根传统的"厚道做人，勤恳做事"的祖辈教诲，深刻地塑造了夏飞剑的人生宗旨和企业宗旨。结合东方生活美学与经营哲学，飞剑公司正打造一种具备美学品位和文化意蕴的经营理念。在战略层面，飞剑公司通过融入东方生活美学的和谐之道，强调品牌的文化内涵和可持续发展；在管理层面，飞剑公司借鉴稻盛和夫经营哲学，以提高效率和实现员工幸福为目标，推动企业的健康成长，体现在"顾客指哪我们到哪，顾客说啥我们干啥"的顾客至上主义、"追求全体员工物质、精神双幸福"的员工关怀、"不断铸造一体感，以大家族主义开展经营"等企业使命上。这种结合不仅能够让飞剑公司在外在形象上具有独特的文化气质，还能在其内部管理上具备强大的执行力和凝聚力。

"顾客指哪我们到哪，顾客说啥我们干啥"

飞剑公司自创办至今，始终坚持以客户为中心，秉承"客户指哪我们到哪，客户说啥我们干啥"的经营理念，致力于不断创造并交付超越客户期望的产品与服务。公司最初的OEM业务之所以能够成功发展，正是因为高度重视并深入理解客户需求，持续为满足客户需求进行创新。在市场竞争中，飞剑公司以顾客至上主义为核心，不断提升自身的竞争力和市场影响力。夏飞剑认为，通过技术提升产品品质，客户获得实际利益，而公司也会从中获益，形成良性循环。飞剑公司的产品涵盖饮用水、茶、咖啡及营养品等饮品的容器，他们深知水质对健康的重要性，因此在材质创新上下足功夫，试验了多种不同材质的保温杯，最终锁定在钛金属上。钛的引入既提升了产品档次，还能解决健康和安全问题。不仅如此，飞剑公司始终专注于产品升级，对于关键技术标准和产品质量的追求甚至超越了行业标准。

飞剑公司坚信，客户的满意和忠诚是企业持续发展的关键。他们通过积极倾听客户的声音，了解他们的期望和需求，并以此为驱动，不断创新和优化产品；同时，公司致力于建立长期的客户关系，通过提供优质的售后服务和充满情感关怀的客户体验，让客户感受到飞剑的真诚与关爱。通过持续改进和创新，飞剑公司追求的不仅是要满足客户的需求，更是要不断超越他们的期望，努力成为客户心中最值得信赖的品牌。

"追求全体员工物质、精神双幸福"

飞剑公司传承父辈基业，从一个家庭作坊式的工厂起步，当时依靠的只是仅有的一点技术和30多名勤劳朴实、相互信任的员工，经过全体伙伴的不懈努力与持续创新，实现了年销售额从几百万元到几千万元，再到数亿元的飞跃式增长。正是因为公司员工齐心协力、合力奋斗，才有了公司今天的发展。

稻盛和夫强调，员工是企业最宝贵的财富。企业的命运共同体不仅是物质利益的共同体，更是精神理念的共同体。为了成功构建这样的共同体，飞剑公司明确提出了"追求全体员工物质、精神双幸福"的企业使命。其核心在于，一方面确保员工拥有稳定的经济收入和宽裕的生活条件，另一方面要让员工在工作中实现自我价值，感受到劳动的意义，从而获得精神上的满足与幸福。飞剑公司致力于保障每位员工都拥有稳定的工作，同时，公司也如同一座坚实的蓄水池，保持现金流的稳定，以支持未来的持续发展。

飞剑公司深刻认识到，员工的幸福不仅来源于物质的待遇，精神层面的关怀同样至关重要。自2023年1月1日起，飞剑公司特别设立了幸福委员会，将员工幸福作为一项独立的预算项目，这标志着公司在关注员工需求的方向上迈出了重大的一步，开始更加注重他们精神层面的需求，寻找并赋予工作更深的意义和价值。

在实际行动中，飞剑公司的关怀覆盖了员工的方方面面，从连续多年为员工子女举办暑期托管班，到开设健康养生课程，再到疫情防控期间的援助活动，以及设立奖学金、组织节日活动等，都是公司幸福委员会精心策划的成果，旨在营造温馨、关怀的工作环境。为了进一步提升员工的归属感和幸福感，飞剑公司还设立了员工关怀基金，为有需要的员工提供及时帮助，并定期组织健康检查，邀请专家为员工举办讲座和咨询活动。此外，公司还积极支持员工家庭，设立员工子女奖学金，在员工家属遭遇困难时提供帮助。

为了搭建员工实现自我价值的平台，飞剑公司启动了"阿米巴薪酬激励管理系统"项目，通过科学的薪酬激励方案，追求满足全体员工物质、精神双幸福的需求，推动企业与员工共同发展。飞剑公司还通过每日晨会分享、共读书籍、改善员工福利和食堂条件等方式，深化员工对稻盛哲学的理解，增强员工对公司的认同感和归属感。为此，公司制定了小组PK、积分排名、优秀表彰等机制，并设立"快乐基金"奖励池，鼓励员工积极参与和学习。

总的来说，飞剑公司通过明确"追求全体员工物质、精神双幸福"的目标，注重员工的物质福利和精神素养，建立健全员工福利体系和文化建设，为员工提供全方位的成长和发展机会，从而实现员工的全面幸福。同时，树立"不断铸造一体感，以大家族主义开展经营"的理念，将企业视为一个温馨的大家庭，鼓励员工之间相互支持、彼此尊重，携手努力达成共同的目标。这种"以心为本"的经营理念不仅提高了团队的凝聚力和执行力，也增强了员工的归属感和忠诚度，推动企业持续稳健发展。

七、成为全球杯壶行业领导者

飞剑公司致力于将小商品制造与东方生活美学相融合，不仅追求产品的实用与创新，更注重传递文化的温度与生活的艺术。他们不断探索创新，旨在为人类健康和美好生活贡献中国智造的力量，让每一份来自中国的智慧与创造，都能成为提升人类生活品质、促进全球福祉的基石。

自祖辈开始，夏飞剑的家族就从事着小型手工业生产，可以说，小商品的制造生产是夏飞剑家族的传承。在家庭作坊初创时期，由于材料稀缺，父辈只能通过改善产品制作工艺来获得更好的售价，这其中蕴含着深厚的工匠精神。夏飞剑就在这样的家族文化熏陶下成长。尽管他并非首批涉足保温杯行业的人，但他深知保温杯是人们日常生活的必需品，拥有稳定的市场需求。因此，他选择专注于做保温杯这一小商品。

2008年，国际国内市场竞争异常激烈，产品价格战导致利润空间被极度压缩。许多企业为了生存开始为其他品牌代工，飞剑公司则看到了向高端市场转型的机遇。借助北京奥运会的契机，飞剑公司成功进入了保温杯的高端市场，并开始注重品牌建设，追求品质和设计的提升，力求与国际标准接轨。

夏飞剑深知，要想在高端市场立足，必须有过硬的品牌影响力和产品质量。早期，飞剑公司团队曾尝试多元化经营，涉足多个领域，但他们很快意识到，盲目拓宽产品线可能会分散资源，进而削弱品牌影响力和产品质量。因此他们调整了战略，聚焦主业，深耕保温杯及相关产品市场。夏飞剑传承祖辈精神，在公司确立"一米宽、一百米深"理念，专注一个领域、深耕一个方向，致力于在细分市场中做到极致，树立行业标杆，提供最优质的产品与服务。

在品牌建设的过程中，飞剑公司决定采取利用优势资源和高端定位的策略，来渗透并占领低端市场，从而实现战略上的降维打击。于是，公司团队开始积极探索如何实现产品的高质量生产，最后选择在产品的健康属性方面下功夫。一方面，由于生活水平的提高，消费者对产品的健康和安全性日益关注。另一方面，飞剑公司的产品以东方生活美学为核心理念，东方生活美学注重和谐、平衡与自然，强调身心合一，追求内在与外在的美。它与健康、美好的生活息息相关。这促使飞剑公司不断对产品进行优化和技术创新，希望通过现代的科学设计，将产品元素与东方生活美学的健康和谐理念相结合，为用户带来更加健康、美好、富有文化内涵的使用体验。

为了实现产品的高端化，在泡茶器具领域，飞剑公司专注于保鲜和抑菌技术，通过闷泡技术，在短时间内让老白茶呈现出更佳的口感。在技术专利方面，飞剑公司拥有真空技术、晶钻技术和着色技术等多项技术发明专利，这些专利技术不仅提高了产品的功能性和美观性，也巩固了公司在行业中的领先地位。值得一提的是，飞剑公司还是行业内首家荣获中国轻工业联合会颁发的科技发明二等奖的企业，这体现了其在科技创新方面的突出成就。

在品牌建设和市场推广方面，飞剑公司注重终端形象的打造，积极与消费者互动，传播品牌理念。他们与行业内的顶尖设计师紧密合作，让公司的产品在设计圈内获得了高度认可，并且连续9年赞助中国五金产品国际工业设计大赛，全力推动设计成果转化，不仅提升了品牌的知名度，也吸引了众多优秀的设计人才。此外，飞剑公司还与中国美术学院建立了紧密的合作关系，通过多维度的深度合作，飞剑的产品设计既紧跟市场潮流,又充分展现了美学价值和文化内涵。

品牌建设是一个长期过程,需要持续的努力和投入,才能在消费者心中留下深刻印象。通过努力,飞剑公司不仅提升了产品的市场竞争力,还为消费者提供了更加健康、环保和创新的选择。在未来的发展道路上,飞剑公司将继续探索新材料和新技术,期待每一位消费者在体验产品的同时,能感受到公司对品质的追求和对文化的尊重。

基于此,飞剑公司放眼全球,提出"成为全球杯壶行业领导者""向着全世界的飞剑前进"的愿景,这体现了飞剑公司从单一产品导向转型为行业生态引领者的雄心壮志。其策略聚焦于三个要点:首先,成为员工信赖、客户尊重、消费者热爱的高收益企业;其次,企业规模稳居行业首位,成为同行学习和尊敬的卓越企业;最后,传承东方生活美学,打造百年民族品牌,助力中国智造走向世界。

虽然飞剑公司目前规模不算大,但在专业度和影响力上,已经走在前列。近年来,飞剑公司不仅深耕欧美和日本等传统市场,还积极拓展"一带一路"国家等新兴市场,目前在这些国家的市场布局已初见成效。预计在不久的将来,飞剑公司有望在这些新兴市场取得领先地位。整体来看,飞剑公司正全面布局,从产品创新到市场拓展,再到企业文化建设,力求在各个方面都做到最好,以实现可持续发展,确立行业领先地位。

八、传递爱的温度,为人类健康和美好生活贡献中国智造

在稻盛哲学中,"利他"是企业经营的起点。因此,飞剑公司明确提出"传递爱的温度,为人类健康与美好生活做出贡献"的企业使命,并将其拆分为三个关键点:其一,作为杯壶行业的从业者,飞剑公司的首要责任是确保饮品的温度和新鲜度。他们致力于将全身心的爱与热情融入产品

和服务中，与相关产业协同合作，共创美好生活方式。其二，在工作过程中，无论是公司内部同事之间，还是对外服务客户，抑或与社会各界人士打交道，飞剑公司都以利他为出发点，传递人心温度，促进人际和谐。其三，飞剑公司将在企业延长线上不断拓展事业格局，同时致力于减少一次性用品，为人类健康与保护地球做出贡献。

飞剑公司立足国内市场，定位在高端，对标日本企业，放眼全球。中国企业和中国品牌在学习国外先进企业的理念与方法的过程中，无论是案例学习，还是从美国、欧洲等地获取灵感，最重要的是要把其中的核心精神转化为自己的东西，再反过来输出这些经验，这才是企业探索走出中国、放眼全球的真正意义所在。因此，中国智造要走向世界，不能仅仅标榜源自日本、美国或欧洲，而应自信地宣告："这是中国智造。"中国智造必须首先立足于高品质，这是飞剑公司OEM背景所赋予的坚实基础。更进一步地，在思考如何在欧洲乃至全世界的文化中脱颖而出时，夏飞剑意识到，只有依托中国深厚的文化底蕴，才能在全球市场上开辟出一条难而正确的道路。

中国的中小型企业需要有策略性地进军国际市场，充分展现中国力量。在此过程中，不仅要关注物质层面的交流，更要注重美学理念的传达。按照营销理论，品牌要走出去，关键在于讲好故事。讲故事必须有深度、有内涵，能真正传递中国的声音，只有那些深深植根于中国文化的故事才更具力量。中国的企业应该提炼并展示独特的中国文化元素，使人们看到这些元素时产生共鸣，这种通过产品体验中国文化，从而将情感与产品紧密相连，正是一种独特且有意义的方式。

飞剑公司以东方生活美学为核心理念，将其系统化、规范化，开发了以"传家"为代表的系列文化产品，寓意着家业的传承与文化的延续。例如生肖系列，飞剑公司每年都会推出与当年生肖相对应的特别版产品，如虎年版、兔年版等，深受消费者喜爱。这些产品不仅充分展现了东方文化的独特魅力，也承载着深厚的文化传承意义。此外还有龙系列、凤系列、青花瓷系列以及百家姓定制款等产品，每个系列的设计都承载着不同的文化故事，成为文化输出的载体。飞剑公司甚至在一些日常用品，如茶杯、煮茶电器等上，都赋予了独特的文化价值，使它们成为代表中国文化的精美礼品。当人们在日常生活中使用这些产品时，将在潜移默化中接受并传播中国文化。

中国智造的精髓在于将传统美学与现代制造相结合，挖掘并提炼出中国古老文明的精华，使之符合当代审美，并以此修正和提升我们的国际形象。自古以来，中国文化通过传统工艺品如陶瓷、丝绸的贸易，已经在历史上产生了深远影响。如今，飞剑公司将产品设计与文化传播结合，延续这一传统，致力于将产品打造成文化的载体。通过精心设计和高品质生产，让每一件产品都讲述一个故事，传递一种理念，从而成为连接中国与世界的桥梁。从OEM时代到如今，飞剑公司正在经历转型，力求在全球市场中建立自己的品牌和文化身份，这一过程不仅涉及产品创新，更重要的是文化价值的输出。东方生活美学不应仅停留于表面，而应成为传播中国文化的核心。通过"文化连根"，即在产品和服务中融入中国文化的精髓，飞剑公司向世界展示了中国的产品和文化同样卓越。

结束语

"共识、共担、共创、共享"是飞剑公司强调的企业核心价值观，在稻盛哲学的指导下，飞剑公司不断对自身企业文化和管理方式进行反思与提升，在飞剑哲学3.0版本中增加了稻盛和夫"以'作为人，何谓正确'为判断基准"的理念，以此作为决策的指南，并以东方生活美学为指导理念，使飞剑公司更好地认识到在创造社会价值的同时，也要注重企业价值理念的传播弘扬，这是对东方生活美学的一种追求，也是企业价值在更广范围上得到认可的路径。

飞剑公司正全面深化其"共识、共担、共创、共享"的企业核心价值观，不只局限于员工与客户，更逐步扩展到供应方、股东乃至整个社会层面，展现出一种宏大的全球视野与人类共享的崇高理念。在这个过程中，飞剑公司特别汲取了东方生活美学的精髓。东方生活美学源远流长，它不仅是一种审美理念，更是一种生活哲学。

在中国进一步开放的时代背景下，飞剑公司也为找到自身所承担的使命，更好地在实际行动中诠释东方生活美学的深刻文化内涵，为人类的健康与美好生活贡献力量。

主体性与主动性

内外兼修传递爱与光明

巨龙光学（福建）有限公司

引言

主体性与主动性是一对哲学范畴。所谓主体性，就是人的主观意识性，尤其是人的自我意识和精神；所谓主动性，就是人的主观能动性，是人特有的认识世界与改变世界的属性。主体性与客体性相对，主动性与被动性相对。主体性是主动性的基础，作为人，只有认识到自身不仅是自然世界的一个客观存在的事物，更是兼具思想与肉体的一个主观与客观的有机统一体，认识到自身的主体性，才能发挥出"参赞天地"的主观能动性。简言之，主体性就是意识到要自己掌握自己的命运，主动性就是将这种认识付诸行动，真正将命运掌握在自己手中。企业主体性是对自身发展定位、使命、前景的自觉认识，一个企业只有对自身主体性进行科学把握，才能有更明确的发展方向，才能更充分发挥出主动性和创造性。

巨龙光学（福建）有限公司（以下简称巨龙光学）坐落在福建省福鼎市太姥山水井头工业园，是一家专业生产世界名牌光学眼镜和太阳眼镜的中意合资公司。长期与世界排名第一至第五的眼镜巨头合作，产品远销欧美，并且为40多个国际品牌提供产品的设计生产服务。巨龙光学2016年导入稻盛哲学后，突破多年瓶颈，业绩利润快速增长。巨龙光学依靠使命引领、哲学护航、战略创新、战术突围开创一条具有巨龙特色的工厂直达消费者的新商业模式。巨龙光学通过全员学习稻盛哲学、成立"孝心基金"、接纳夫妻员工、实施员工入股计划、每天做健身操等方法，注重塑造员工主体性，不断激发员工主动性，进而塑造企业主体性，努力做一个有社会责任感的中国眼镜企业。

一、继承父辈勤劳坚韧的品格

董赣明，巨龙光学董事长，祖籍温州泰顺，1966年出生于江西，因此名字里有个"赣"字。董赣明的父亲是远近闻名的手艺人，从董赣明记事起，父亲就一直从事修理钟表等机械工具的工作，父亲的勤奋、刻苦、务实、正派等品质深深印刻在董赣明的内心深处。

董赣明继承了父亲勤奋、务实的优良品质，学习成绩一直名列前茅。在父亲的影响下，他从小就会使用车床制造工具，这些成长经历对他后来的发展具有重要影响。受父亲的影响，董赣明从小就对学习科学知识产生了浓厚的兴趣，经常自己动手做实验，多次获得各种比赛的奖项。1984年，董赣明以优异成绩考入江西师范大学物理系，1988年又考上电子科技大学的研究生。

1991年，董赣明研究生毕业后被分配到温州市政府工作，受父亲的影响以及当时政策的支持，他决定停薪留职下海经商。相比于江西，温州在营商环境、政策资源、人才支撑、信息交通等方面都有更加得天独厚的条件。董赣明工作后有温州户口，就把父亲在江西的工厂迁到温州。董赣明回忆，刚开始与父亲一起创业的时光很美好，那时候他刚毕业啥都不懂，父亲教给他很多。但在1994年以后，这种和谐的关系被打破了，董赣明发现他跟父亲的经营理念完全不一样，在他看来，虽然父亲懂市场，技术也一流，但是管理方式太粗暴，很多经营、技术方面的问题硬被父亲搞成了紧张的人际关系问题。父子之间的分歧越来越大，两人谁都不让谁，最后董赣明一气之下退出工厂，南下深圳自谋出路。

董赣明退出工厂不到4个月，他的母亲和姐姐就到深圳找他回去。原来是工厂迁到温州时，好多工人是从江西一起跟过来的，因为父亲脾气不太好，在处理人际关系方面失当，这些工人受了气都要回江西老家。以前董赣明在工厂的时候还能起到调和的作用，他离开后，工人的怒气也被激发出来。

在工人的怒气和家人的劝说下，董父终于决定让位了，但是条件也比较苛刻。董赣明与父亲签了协议，从银行贷款28万元买下了父亲的工厂，每个月还要向父亲支付5000元生活费和工厂10%的盈利。然而，父亲是一个闲不住的人，很快他又开始了新的事业——创办了一家镀金餐具厂。但是，根子上的问题不解决，失败的结局注定一样。

细节往往决定成败，习惯往往影响事业。老子《道德经》有云："天下难事，必作于易；天下大事，必作于细。"要想成就一番事业，就必须关注细节，只有关注细节才能养成良好的习惯。细节意识是良好习惯养成的基础，良好习惯的形成有赖于每一个细节的认真完成。差之毫厘，谬以千里，真理和谬论往往只有一步之遥。受知识水平与时代环境的影响，父亲的思考方式与为人处世的方式简单粗暴，他始终没能战胜自己的弱点，坏脾气成为他生活和事业上的短板。

"苟日新，日日新，又日新。"世界是发展变化的，不同的时间、地点、条件，有不同的处事方式。20世纪90年代的温州发展很快，而当时的江西相对闭塞，温州跟江西的管理风格不太一样，到了温州还沿用在江西的老办法，不能做到入乡随俗、与时俱进，是父亲失败的主要原因。父亲的创业故事给了董赣明很多经验教训，因为父亲过于自我，董赣明心中就始终有根弦——不能太固执己见，要多听别人意见。这也是董赣明在之后创业路上能始终保持头脑清醒的原因所在。

二、找到自己的主体性

主体是与客体相对的哲学范畴。主体指认识者,即在社会实践中认识和改造世界的人。主体性是人在实践过程中表现出来的能力、作用、个人看法以及地位,即人的自主、主动、能动、自由、有目的地活动的地位和特性。简言之,主体性就是人对自己主体地位的觉解,就是人的主观意识性,尤其是人的自我意识和精神。企业主体性就是企业对自己发展定位、使命、责任的准确认知,首先表现为企业领导者的主体性。稻盛和夫一直强调的要找到自我、接近真我,就是哲学上讲的主体性问题。稻盛和夫甚至将"真我"提升到"宇宙之心""开悟圣人"的高度,他指出,所谓的真我,就是森罗万象一切事物最本源的"宇宙之心"本身,达到开悟境界的圣人,可以随心所欲地驱动现实。① 只有意识到自己的主体性,才能将自身与没有理想、没有责任、无所事事的人区分开,才能充分发挥自身的主观能动性,去更好地认识和改变世界。

认识到自身的主体性才能发挥主动性。在这方面,中国共产党是一个很好的榜样。中国共产党在创立之初只有几十名党员,他们凭着明确而坚定的理想信念,在短短100余年的时间里,取得新民主主义革命的胜利,建立了新中国,完成了社会主义改造,建立了社会主义制度,将一个一穷二白的落后国家建设成世界第二大经济体,领导脱贫攻坚取得全面胜利,创造了人类减贫史上的奇迹,如期全面建成小康社会,实现第一个百年奋斗目标,取得了一系列举世瞩目的伟大成就。可见,只有认识和把握自身的主体性,才能充分激发自身的主动性,创造出伟大的成绩。

---

① 稻盛和夫:《心:稻盛和夫的一生嘱托》,曹寓刚、曹岫云译,人民邮电出版社,2020年,第127—128页。

董赣明在创业之初跟着父亲干，这个时候他虽然展现出很多专业知识和宽阔眼界，但是毕竟是在父亲的领导下开展工作，可以说，这一时期父亲是他们事业航船的舵手。离开父亲独自创业意味着董赣明要成为自己航船的舵手，他首先要明确自己的位置，不仅要承担之前的工作任务，还要为企业发展拍板定向。

没有了父亲的干涉，董赣明尝到了自己做决定的快乐。然而好景不长，1996年阪神大地震毁坏了在日本的合作工厂，当时这家工厂是董赣明最大的客户，突如其来的变故让董赣明面临巨大打击，工厂订单数量一落千丈，甚至只能通过承接灯箱画、订书机、冲压加工等小活，以维持工厂的基本运营。贷款买来的材料、设备统统变成一堆废铁，仅一年便亏了近百万元。董赣明说，那段艰难的日子里，非常想念跟父亲一起创业的时候，那时虽然经常吵闹，但是遇到困难总有个人商量。父亲知道他的遭遇后，鼓励他不要气馁，一个人要想成长，肩上就要多担些担子。

2000年，董赣明用6000元收购了一家破产的眼镜厂，成立了温州巨龙光学有限公司，开始做眼镜出口的生意。如何适应新的行业？既然选择干，就要扑下身子全身心投入，就要相信自己行。初期因为定位准确，市场环境好，加上努力拼搏，企业快速发展，产值从2000年的不到50万元，到2008年已经发展到8000多万元。2008年底，工厂从浙江温州迁往福建福鼎，改名巨龙光学（福建）有限公司。

温州的农业底子薄、基础差，七山二水一分田，山多又靠海，地理条件不适合种田，要找出路就必须经商。温州模式这条路，是温州的群众自己闯出来的。受制于当时社会生产条件，群众小规模经商难免困难重重，既缺乏资金和技术，又缺少资源和市场，很多商品质量难以得到保证。当时温州眼镜行业大多数都在做低端眼镜，消费者买了这些产品用不了几次就坏掉了，质量差、不耐用一度成为温州眼镜的标签。面对这一现状，董赣明立下志向要做中国最好的眼镜，于是他认真钻研国内外高档眼镜厂商及先进技术，积极向同行前辈请教，逐步与欧洲一些高档眼镜企业接轨。那个时候普通商贩一副眼镜才卖1块钱或几毛钱，巨龙光学生产的眼镜一副卖到4美元，价格相差好几倍，当时很多商家都不相信温州能做出这种档次的眼镜。基于这种发展定位和业务能力，巨龙光学在之后几年进入高速发展期。

在巨龙光学迅速发展的时候，危机也在向它靠近。2008年美国次贷危机引发全球金融危机后，巨龙光学的意大利股东企业倒闭了，不仅200万欧元投资款未到位，还有150万欧元的货款未付清，隐性亏损接近2000万元。当时又正值公司新建厂房，董赣明被突如其来的变故压得喘不了气。这次危机确实伤到了巨龙光学的元气，接下来几年公司非常艰难，只能勉强维持基本运转。为了扭转这种局面，董赣明到处求学，参加过国内各类培训学习，但学来的经营管理方法都不怎么管用，企业经营仍不见起色。董赣明一度陷入了对未来的迷茫之中。

三、加入盛和塾唤醒了第二次生命

学习对于经营而言，不仅是提升竞争力的手段，更是企业生存和发展的基石。在知识经济时代，面对激烈的市场竞争，学习成为关系企业生存能力和生存质量的大问题。学习可以提升创造力、竞争力，成为提高企业核心竞争力的不竭之源。特别是在技术、管理、创新方面的竞争，实质上也是学习力的竞争。"我学了很多课程，但是这些课程大多是以营利为目的的，宣传营销做得很好，但是不能解决实际问题。"董赣明是个爱学习的人，但是在学习的路上走了很多弯路。他在学习中也认识了很多志同道合的朋友，大家都反映这些学习只是表面上看着热闹，实际上没有多少门道。

"事业离不开学习，我报过很多学习班，也看了很多创业教材，但这些学习都不解渴，没能给我带来吃饱喝足的那种满足感。"董赣明身上有"爱读书""学历高""经历多""荣誉多"等标签，诠释了他的博学与专注。董赣明先后参加过很多高校组织的金融班、总裁班等课程，并多次担任学习班班长，也参加过一些民间培训，还组织公司高管一起学习，在学习方面花费了上百万元，但是都没有起到相应的效果。董赣明很是苦恼，多次感叹自己"高学历还要被'割韭菜'"。

2015年7月28日是个重要的日子，董赣明经朋友介绍参加了盛和塾的学习。当时董赣明也是怀着一种很复杂的心情，因为之前的学习费用都很昂贵，他怕再次被"割韭菜"。那天的场景董赣明至今记忆犹新，当时温州盛和塾还没有正式成立，他们是在温州瓯海9号艺术酒店二楼的一个招待所学习。那天在读书的时候，他觉得稻盛和夫所写的内容跟自己的父亲以及自己小时候的经历特别像，感觉这些经历和挫折父亲都遇到过。父亲始终是董赣明人生路上的重要向导，董赣明从稻盛和夫身上看到了父亲的影子，他说的话父亲似乎都说过，字里行间埋藏着殷殷嘱托。董赣明认为，这是一种慰藉，是对以往人生经历的总结，也是第二次生命的真正觉醒。从那以后，他开始天天读稻盛和夫的书。董赣明慢慢看到，自己以前都是秀外面的羽毛，根本不知道何为内秀，稻盛和夫做到了内外统一，既把企业做到极致，又在内修方面成绩斐然。

多少次，董赣明在读稻盛哲学时想到了父亲，心想如果父亲也读过这些书，如果当时的创业环境再好一点，他也可以把企业经营得很好，因为像不亚于任何人的努力这样的品质，父亲都具备。董赣明在读书心得中这样写道："人的生命有两次，第一次就是母亲十月怀胎把我们的肉体生命诞生下来的时候，第二次是我们灵魂重生的时候。我把2015年7月28日加入盛和塾的这一天，当成我第二次生命的开始，它是我生命真正觉醒的时候。"

四、向稻盛和夫当面请教

董赣明的办公室里挂着一张与稻盛和夫的合照，这张照片被他视若珍宝，背后有一段"追星的故事"。"追星"是一种感性的外在现象，但是反映了一个人内在的价值追求。可以说，董赣明的"追星"是一种由内而外的信仰认同和行动自觉。

因为熟读稻盛和夫的书籍，董赣明成了稻盛和夫的粉丝，希望当面向他请教。2016年9月4日，稻盛和夫要来沈阳给中国企业家做教学分享。董赣明早早报了名，打定主意一定要见到自己的偶像，并当面向他请教。会议当天，董赣明得知稻盛和夫在宾馆外面的兰州拉面馆吃面的消息，便立刻赶了过去，可惜等他到达时，稻盛和夫已经吃完走了。回到会场后，董赣明一直守在稻盛和夫前往会场必经的过道等待，终于盼到了向稻盛和夫当面请教的机会。他谦虚而虔诚地问稻盛和夫："我也想建立一个像京瓷这样伟大的公司，我该怎么办？"稻盛和夫握着他的手笑着说："Learn from me!"（像我一样做就可以了！）

"Learn from me"，这句话带给了董赣明深刻的思考，并且付诸实践。

谈起与稻盛和夫见面的时刻，董赣明眼睛里闪着崇拜与满足的光芒，"2016年正好是我50周岁的那一年，50岁的老男人开始追星，就像老房子着火了一样，没得救了。"董赣明坦言，"为什么说加入盛和塾这一天是我第二次生命的开始，是因为我读过稻盛先生所有的书，每一本书我都读过好多遍，每次读都有不同的感受。"

五、用阿米巴落地大会改变经营土壤

在深刻领悟稻盛哲学后，巨龙光学摸索出"经营二十字要诀"，这就是"点燃梦想，激发良知，改变思维，数字经营，命运共享"。而其中最重要的是如何真正改变思维。既要改变企业家的思维，又要帮助员工树立经营者思维。只有企业家敞开胸怀，真诚地把员工当成共同经营的伙伴，员工才可能与企业心心相连，共同经营事业。当他们有了未来要靠自己创造、幸福要靠自己奋斗的主人翁思想，接下来，公司要做的事情就是给他们舞台，让他们去绽放。

2017年7月，巨龙光学召开了1.0版本的阿米巴落地大会，开始贯彻"销售最大化、经费最小化、时间最短化"三个概念。阿米巴1.0版本的导入，在很大程度上提升了员工的经营者思维，促使全员参与经营。自巨龙光学正式导入稻盛哲学和实学以来，虽然市场环境依然严峻，但是公司已经渐渐走上良性发展的轨道，业绩有了明显的变化：

2016年，销售额增长25%，利润增长40%；

2017年，销售额增长18%，利润增长62.65%；

2018年，销售额增长25%，利润增长80%。

3年下来，销售额翻了1倍，利润翻了5倍，单位时间附加值从21元/小时上升到31元/小时，增加了50%。数字的背后，是整个团队行为发生了变化，行为变化的背后是员工思维发生了变化，心性发生了变化。

六、把经济萧条看作再发展的飞跃平台

2020年春节，突如其来的新冠疫情给中国经济带来了巨大的灾难，

也给企业带来了令人措手不及的巨大挑战。稻盛和夫曾说，在最严重的经济萧条期，企业经营者首先就要以积极开朗的心态去面对困难、突破困难。经济越是萧条，我们越是要咬紧牙关、坚忍不拔、下定决心，无论如何也要闯过这道难关，绝不能悲观，也绝不能退缩。在这种情况下，更重要的是要认识到，萧条是我们成长的机会。企业就应该通过经济萧条这样一种逆境来谋求更大的发展。这段文字给了董赣明极大的信心。

中国有句古话叫"祸兮福所倚，福兮祸所伏"。其实任何的苦难、任何的挑战，都是成长的机会。不经历风雨怎么可能见到彩虹，不遇盘根错节怎么变利器？所以凡事都要向好的方向想，这就是战胜危机最重要的一个心态。只有拥有这样一种"积极阳光的心态"，以及真正能够认识到"萧条是成长的机会"和"危机中其实蕴含着更大的机会"，才是战胜危机的最重要的法宝。应该认识到，突如其来的疫情，并不是针对某一个行业，而是对全中国甚至全世界的一个灾难。既然大家面临的困难都是一样的，担惊受怕并不能解决任何问题，应该泰然处之，用积极开朗阳光的心态去应对。

发挥自己的主观能动性，才能在萧条中飞跃。疫情改变了世界发展的形势，也让传统的制造型企业发生了巨大变化。稻盛和夫说要有在萧条中飞跃的大智慧，那么要实现飞跃，就必须充分发挥人的主动性，用创新思维跟上新时代发展的脚步。为应对疫情带来的巨大挑战，巨龙光学打出了一套组合拳。

其一，平时就要把企业做成高收益的企业。寒冬对每个人、对每个企业都是一样的。在这种环境下，拼的就是体质，拼的就是体格。高收益的企业体格强健，有抵抗力，即使在萧条中也能站稳脚跟，就算是销售额下降，也不至于陷入亏损；而且高收益企业有持久力，拥有长期的积累和丰厚的留存。所以说，高的收益和丰厚的留存，是应对萧条的最有效的预防措施，这个跟松下幸之助提出的水库式经营如出一辙。巨龙光学在疫情期间，充分考虑企业和员工的出路，支持员工去创业、去营销、去销售，拓展员工的业务能力，让全体员工都懂得要订单、要饭碗有多么困难，经营企业有多么困难。

其二，经济越是萧条，越要全力以赴去开发新产品，探索新的营销模式。经济萧条时期，全力开发新产品非常重要。平时因为工作忙，没有时间顾及，这个时候正好有空闲去思考怎样去尝试新的产品、发起新的挑战。虽然疫情期间企业的行动被暂时停止，但是经营的思维不可以停止。经营者更加需要思考在疫情过后怎样迅速、快捷地推出与众不同的新产品，或者找到更加创新的商业模式。新冠疫情发生后，巨龙光学第一时间成立了自己的防疫领导小组，采用类似阿米巴经营的形式，将一个大的企业组织划分成若干个小组织，大组套小组，各小组每天视频沟通，了解组员的行踪及健康情况。所有大组组长与公司核心高层开视频会议，汇报各组员工的情况，公司可以及时了解和掌握全体员工的身体健康状况。在疫情稳定后，巨龙光学积极探索全新的爱心验光车和眼健康的商业模式，支持员工参与到新的模式中，给员工一定的岗位和权限，帮助员工把自己变成经营者，让员工自己就是阿米巴。这种模式极好地服务了当地群众的眼健康需求，得到了政府和顾客的一致好评。

其三，抓住一切机会，削减营运的成本。在疫情特殊时期，很多行业、企业收入锐减，但是固定成本的支出却没有办法减少，比如房租、工资、税收、利息等。经营者绝对不能坐以待毙，必须跟全体员工共同努力，彻底推进各项削减成本的举措。巨龙光学积极跟银行协商减收贷款利息、跟政府协商降低税收、跟客户协商延长支付时间、跟员工协商暂时降低部分薪水共渡难关等，得到了各方的理解，取得了很好的效果。

其四，一旦恢复生产，必须保持高的生产效率。一定要在订单减少、工作量少的情况下，仍然保持高的生产效率。如果只有1/3的活干，最多只能有1/3的人去生产，绝对不可以人浮于事，用过去同样多的人来生产，这样生产效率就会大幅度下降，工作氛围会松弛。在复工阶段，巨龙光学准备了口罩、眼镜、消毒用品等充足的防护用品，成立多个复工小组，比如信息统筹组、接送组、防御组、报道组、送餐组、体温检测组等，全力保障复工生产。公司通过完善目标管理、时间管理，克服低效能的问题。同时，高度重视外贸订单，通过价格、支付方式等各方面优惠便利条件留住老客户，拓展新客户，抢占了疫情后的市场，推动了公司在新时期的发展。

其五，必须构建良好的人际关系。患难之中见真情，也只有在患难的时候，才能够看得见人心。疫情的特殊时期就是考验企业劳资关系的最好时候，也是构建企业内部良好人际关系的绝好机会。在经济萧条情况下，必须努力跟政府、银行、业主、供应商、客户等方面构建非常好的人际关系，得到他们最大的支持。但是最重要的还是塑造企业内部的良好人际关系，这种关系的维护不是一时的，而是需要长期的努力。巨龙光学特别重视对员工的人文关怀，在长期朝夕相处中，企业家与员工相互了解，都能够感受到彼此的难处，员工能够真正站在企业发展难题角度考虑问题，他们不但愿意主动降低自己的薪水，更能够积极为企业发展建言献策，真正用主人翁的心态去付出不亚于任何人的努力。打造和拥有一支这样的队伍，是企业渡过难关、奋勇争先的重要支撑。

七、员工才是自己一辈子的董事长

经营企业必须增强员工的主人翁意识，激发他们的积极性、主动性和创造性。稻盛和夫曾用"螃蟹总是比照自己壳的大小打洞"[①]来比喻企业经营成效取决于经营者的器量和格局，意味着企业领导者应具备包容和忍耐的品质，能够容纳和欣赏比自己更有能力的员工，而不是局限于自己的小利益。他认为，企业的发展超不出企业领导人的器量和人格。想让自己的企业发展壮大，想让自己的人生精彩纷呈，就必须提升自己的心性，磨砺自己的人格。

中国共产党在企业经营管理方面曾探索出很多有益方法，"鞍钢宪法"是其中的突出代表。"鞍钢宪法"是我国鞍山钢铁公司于20世纪60年代初总结出来的一套企业管理基本经验。1960年3月11日，中共鞍山市委向党中央作了《关于工业战线上的技术革新和技术革命运动开展情况的报告》，毛泽东在3月22日对该报告的批示中，高度评价了鞍钢的经验，提出了管理社会主义企业的原则，即开展技术革命，大搞群众运动，实行两参一改三结合（"两参"即工人参加管理、干部参加劳动，"一改"即改革不合理的规章制度，"三结合"即干部、工人、技术人员相结合），坚持政治挂帅，实行党委领导下的厂长负责制。毛泽东把"两参一改三结合"的管理制度称为"鞍钢宪法"，在全国范围内推广。"鞍钢宪法"中"工人参加管理"就是在增强工人的主人翁意识，激发他们的积极性和主动性；"干部参加劳动"意在克服官僚主义，改善企业工作作风，让干部深入实践、深入工人、了解工人，从而更深入了解企业，正确领导企业发展。用流行术

[①] 稻盛和夫：《京瓷哲学：人生与经营的原点》，周征文译，东方出版社，2016年，第17页。

语来说,"两参一改三结合"就是"团队合作",它弘扬的"经济民主"恰是增进企业效率的关键之一。

董赣明读到"螃蟹总是比照自己壳的大小打洞"这句话时触动很大。他不禁陷入沉思:为什么企业越做越大,员工从几十个人做到几百人甚至近千人,自己却越来越感受不到自己在组织里的重要性呢?董赣明想到,自己不能做螃蟹,而要做一个有思想、有灵魂的人,如果企业经营者都只是一只螃蟹,只具有螃蟹的思维,员工怎么能有积极性、创造性和主动性?螃蟹为什么只会打跟自己壳一样大的洞?就是因为螃蟹只有生存意识,没有创造思维,它所做的永远都是满足于自己的生存,久而久之就产生了路径依赖,形成定向思维,从而过于自我。这也是孔子所说的四种毛病。《论语》中记载了孔子说的一句话,"子绝四:毋意、毋必、毋固、毋我",意思是孔子杜绝四种毛病,即不凭空臆测、不武断绝对、不固执拘泥、不自以为是,这四种毛病与螃蟹思维是一个道理。超越螃蟹,就要打破固定思维,破解路径依赖,培育开放思维,敢于创新、勇于创新,对自己有一个客观的定位,准确定义自己,从而意识到自己的初心和使命。对自身主体性的觉解,才会生成主动性的思维和行为。

要改变员工,必须先改变自己。董赣明认识到,对照稻盛和夫的标准,自己不过是一只螃蟹,一只螃蟹怎么能经营好企业,怎么能领导好自己的团队呢?董赣明反思自己在年轻时受父亲的影响,是有雄心壮志的,产业报国是他的志向,只不过随着年龄的增长,理想开始消磨,慢慢地就将赚钱放在第一位了。本来赚钱只是用来证明自己的手段,现在却被当作目的,他意识到自己对人生和经营的根本问题没想明白,将这些问题本末倒置了,导致自己越来越缺乏能量,感受不到奋斗的价值,甚至不知道自己为什么要这样做。董赣明开始思考最基本的问题——"作为人,何谓正确"。自己常说的产业报国,不就是将个人价值与员工价值、社会价值相统一吗？不就是稻盛和夫所说的"自利利他"吗？在想清楚这些问题后，董赣明感觉自己的奋斗目标更明确了，觉得自己充满了能量，他要带着员工一起学稻盛哲学，让整个公司都有能量。

要改变员工的打工思维。思想是行动的先导，改变一个人必须从改变他的思想开始。董赣明认为，改变巨龙光学，就必须改变每一个员工。于是，他召集全体员工开大会做思想工作。然而，习惯了被领导、被安排的员工并不容易被改变。董赣明发现，自己在台上讲得激情澎湃，下面却没有回应，对于他说的话，员工只是在听，并没有产生共鸣。他认识到，员工并不在乎他说什么、怎么说，因为之前他的格局和境界都是为己的，所以员工的思想也是为己的，这就是症结所在。这一刻，董赣明发现自己跟员工之间的关系就是雇用关系、劳资关系或买卖关系，这种关系决定了员工没有主人翁意识，没有意识到自己的主体性。

要想方设法点燃员工的梦想与激情。只有改变员工的打工思维，激发他们自己把握命运的主人翁意识，才能塑造有理想、有知识的新型员工，打造具有主体性和创造性的新型企业。为了塑造员工的主体性思维，董赣明改变了理论灌输和口头说教的方式，制订了切实可行的员工幸福计划，提高员工幸福指数，巩固和提升他们的主人翁意识。董赣明认为，员工才是自己一辈子的董事长、CEO，除了教会员工做人以外，更重要的是要让员工变成经营者，然后再给他合适的岗位，让他自己就是阿米巴。

为了培养员工的主体性与主动性，巨龙光学主要做了以下工作：

第一，成立"孝心基金"。"孝心基金"，顾名思义，即公司为给员工父母发钱而成立的基金。巨龙光学按照员工工作年限给其父母发放相应数额的金钱，具体来说，工龄满一年的员工，每个月给其父母发50元，满两年的就是每月100元，按工作年限依次递增。这些钱由公司财务部直接发给员工父母，中间不经过员工，是一份实实在在的"孝心基金"。对于新员工来讲，这笔钱比较少，但是日积月累，工龄越长，这笔钱就越可观。截至2024年8月，巨龙光学发放的"孝心基金"已经超过1600万元。

第二，鼓励员工夫妻同在企业上班。巨龙光学突出员工幸福，并将其做到实处。鼓励所有的员工夫妻同在企业上班，而且鼓励员工把父母、孩子都接过来。巨龙光学现在有80多对夫妻、50多位老人、100多个孩子，公司为他们提供基本的学习、娱乐、健身等场所，住宿区每天都有年轻人运动、老年人打牌、儿童玩耍，充满了生活气息。为了让员工有更好的生活环境，巨龙光学花费500万元改造员工宿舍、食堂等硬件设施，解决员工子女上学问题，让外地户口的孩子也可以在当地上学；还成立公司内部幼儿园、助学所，不断强化人文关怀，努力将公司打造成一个大家庭。

第三，实施员工入股计划。通过导入阿米巴经营，巨龙光学的经营土壤发生了巨大改变。为了进一步激发员工的主人翁意识，实现全员幸福，2018年3月，巨龙光学向全体员工开放公司股权。第一期公司股权开放，就有329名员工成了公司的合作伙伴，也成了自己命运的主人。一年后，在巨龙光学首届员工股东分红大会上，员工的投资分红比率高达37%。每年4月进行上一年度的股东分红，2024年4月26日，巨龙光学给入股员工分红369.5万元。董赣明坦言，这项计划就是想让员工物质精神双幸福，打造真正的爱心企业。公司流动资金有1亿多元，本来用不着融资。员工入股公司的钱加起来一共是909万元，钱都是存银行，一年利息20多万元。对比这几组数据，才能看懂董赣明和巨龙光学实施这项计划的社会价值。

第四，每天做健身操。董赣明从新冠疫情中认识到健康和健身的重要性，2020年2月17日复工后，巨龙光学开始组织全体员工打八段锦。公司员工的工资是按时计算，财务部算了一笔账：公司每天要发16万元的工资，如果一天打三次八段锦，每次准备、集合、做操要花费20分钟，一天下来需要一个小时，相当于花费1.7万元，一年下来就要花掉近500万元。董赣明当然算过这笔账，但他认为不能只算小账：公司天天说员工都是家人，到底是家人的身体健康重要还是技术重要？从那天开始到现在，打八段锦的健身活动从来没有停过。全员健身活动对公司发展也具有重要作用，通过打八段锦，员工的工作效率、身体素质都得到了较大的提升。

此外，董赣明还组织各种各样的学习、竞赛、健身活动，提高了员工的身体素质，丰富了员工精神生活。正如董赣明所言，每个人生下来就是自己的董事长。要用心培养好每一名员工，从物质上精神上让他们意识到自己的重要性，这样才能内生出主体性、主动性和创造性。

一个有主体性的企业，一定是能自觉认识到自身社会责任的企业，是能够将企业发展与社会发展、国家发展、时代发展相统一的，在追求企业发展的同时，能够自觉推动社会发展、国家发展和时代进步。做有社会责任感的眼镜企业，就要为消费者提供优质的产品和服务，积极为社会发展进步做贡献。

一个有主体性的企业，一定是能够科学把握行业发展规律和前景的企业。眼镜是一个慢消品，二到三年才换一副；同时它又是一个个性化的产品，每个人所需眼镜的度数都不一样。由于网购的普及，实体眼镜店平均每天配2～3副眼镜，需要支付员工工资和房租，这就导致实体眼镜店必须提高价格才能产生利润。董赣明认为，如果可以直接与消费者对接，就可以省去眼镜店中间商的差价，企业的优势就更明显，"我们虽然是做的企业，优势是生产制造眼镜，但是我们也可以探索一种直接为消费者提供服务的模式"。

一个有主体性的企业，一定是能够主动谋划和实施发展方案的企业。为更好地服务消费者，更好地担当社会责任，董赣明带领巨龙光学创造性探索了"工厂直达消费者"的商业模式。巨龙光学打造了10辆多功能的"爱心验光车"，把产品和服务直接送进政府、企业、学校、银行等各类机构，为他们提供免费的眼睛近视检查以及眼镜检测、检修等服务。在这个过程中，董赣明发现很多人尤其是中老年人有眼睛的健康问题，甚至存在致盲的风险。发现这些问题后，董赣明认为只做验光服务还不够，应该开阔思路、解放思想，将验光服务扩展为"眼部健康"服务，并将"爱心验光车"升级成"眼健康服务车"。相较于之前的"爱心验光车"，"眼健康服务车"具有更多的设备仪器和功能，车上配备了裂隙灯、眼底相机、AI智能相机，这些设备不但可以检查近视、斜视、弱视，还可以发现眼底的视网膜病变、黄斑病变、白内障、干眼症、角膜炎等病症。目前，这些爱心车覆盖整个宁德市，会定期到不同区域、行业开展免费爱心服务。巨龙光学还给市民提供眼部按摩服务和眼部护理产品，给大家出眼健康的报告，为大家保护眼健康提供科学建议。巨龙光学通过这些爱心车将高质量服务送进千家万户，该商业模式得到宁德市委、市政府的高度认可。这种新商业模式具有非常突出的利他特点。与传统的眼镜店不同，巨龙光学在做眼健康检查和服务时，如果发现顾客的眼睛有疾病，可以直接联系温州眼视光医院，帮助顾客走绿色通道挂号。如果顾客经济困难，公司还可以帮助报销一部分医药费。巨龙光学还设想把"眼健康服务车"变成培养大学生创业和就业的一个平台，既宣传推动眼镜和眼健康事业，也能帮助更多的人实现创业梦。

此外，巨龙光学还积极打造福鼎市儿童青少年近视防控基地。基地投资600万元，引进国内外先进设备及技术，并特聘国内知名眼视光中心、低视力防治中心专家，设有视觉科普馆、专家诊室、视力检查室、验光室、配镜区等不同功能区，一系列高尖新验光设备一应俱全，工作人员热情细致地为每一位来访者提供科普、验光、咨询等服务。儿童青少年是国家的未来，他们的健康成长是每个人的共同心愿。自2021年起，巨龙光学认真承担儿童青少年近视防控防治任务，对全市中小学生进行每年度上、下学期各一次的视力筛查活动，开展关爱青少年眼健康活动100余场，服务人数达25万人次。基地目前设有宝龙、山前、铂金、康诚等4个眼视光中心，通过专业的服务指导，努力提高学生的科学素养和近视防控意识，为儿童青少年近视防控提供综合性解决方案。董赣明坦言，巨龙光学不仅希望顾客看到巨龙的产品性价比高，更希望他们感受到巨龙员工内心的爱，能够如稻盛和夫所说，帮助大家提高心性，磨炼灵魂。

结束语

主体性对经营者、员工与企业的发展都具有特别重要的意义。不论是经营者还是普通员工，首先都必须认清自己的位置，认识到自己是一个具有主动性的主体，而不是只会听命令、被安排的客体。只有意识到自身主体性，才能明确自己的职责、使命、任务，积极主动地开展工作。所以说，意识到主体性是主动开展工作的前提。对于企业来讲，企业的主体性不是抽象的，而是具体的。企业的主体性正是经营者和员工主体性的生动表现，只有经营者与员工都意识到自己的主体性，这个企业才是一个有主体地位和主动思维的创造性企业。企业的主体性越强，其参与社会生产的积极性越高，创造性越强，对社会发展的贡献也就越大。同时，主体性不是一经确立就固定不变的，而是一个动态发展的过程。

随着企业发展经验的积累，主体性会不断发展和变化。在成长过程中，企业需要不断面对挑战和机遇，通过与其他企业或社会环境的互动，不断调整自己的行为和思维方式，从而提升自我意识和自我决定能力，进一步增强企业主体性。

简单与不简单

一生只做一件简单的事

温州冠盛股份有限公司

引言

　　简单与不简单是辩证统一的。世界是多元的，有简单之妙也有不简单之美。当今世界，局势如海，信息如潮，我们如何能够在简单与不简单之间做好自己？一言以蔽之，当简勿繁，当繁勿简，简繁得当，方为治道。简代表精简的流程、高效的方式、干练的作风、专注的态度、淡泊的欲望、始终如一的追求，而不是简单粗暴。少则得多则惑，治大国若烹小鲜，一件事情如果你不能简单地说清楚，那就代表你没有完全地弄明白。处理好简单与不简单的关系需要的是一种平衡的智慧。简即简单、简洁、简练。任何事物的复杂的变化发展都由其背后简单的本质决定，我们只有学会化不简单为简单，才不会被问题的表象和假象所迷惑，从而拨开迷雾抓住重点，为高效解决问题提供重要条件。

　　一辈子只做一件事，看似简单，实则不易。在这个百年未有之大变局的时代下，外界的变化无处不在，很难让人只围绕着一件事去努力。温州市冠盛汽车零部件集团股份有限公司（以下简称冠盛股份）的董事长周家儒就是这样一位企业家，从1985年他进入汽配行业开始，无论市场是繁荣还是萧条，也不管别人是否追逐时代的风口，他始终不为所动，专注于自己的领域，以坚定的信念和非凡的毅力，诠释着"一辈子就做一件事"。

　　冠盛股份创建于1985年，近40年专注汽车传动系统零部件领域，主要产品包括等速万向节、传动轴总成、轮毂单元、橡胶件、转向和悬挂件，已实现对全球主流车型基本覆盖。冠盛股份市场覆盖全球120多个国家和地区，为国内外汽车售后市场提供优质适配的传动系统零部件产品和相关服务，并已具备传动轴总成整体解决方案的综合服务能力以及整车配套能力。

冠盛股份2005年、2007年在美国和德国设立子公司，开拓北美和欧洲汽车市场，并铺设多个海外仓，进行本土分销。冠盛股份在全球六大洲主要国家都建立了自有GSP品牌代理经销体系。2006年冠盛股份被商务部和国家发展改革委认定为首批"国家汽车零部件出口基地企业"、2006年度中国汽配行业名优企业；2012年获得浙江省专利示范企业；2013年、2016年GSP牌等速万向节获得"浙江名牌产品"；2014年获评"国家火炬计划重点高新技术企业"，2015年冠盛股份获评"海关AEO高级认证企业"，成立浙江省冠盛汽车传动系统研究院（省级企业研究院）；2017年冠盛股份荣获"品质浙货"出口领军企业，参与起草国家标准《GB/T 36684—2018汽车售后零配件市场服务规范》，行业标准《JB/T 10238滚动轴承汽车轮毂轴承单元》和《JB/T 13353滚动轴承汽车轮毂轴承单元试验及评定方法》；2020年8月公司成功登陆上交所A股主板，首发上市共4000万股，募集资金6.228亿元。

冠盛股份恪守"稳定中求发展，发展中求稳健"的企业理念，恪守"诚信、责任、合作、创新"的核心价值观，致力于成为全球汽车零部件行业的伟大公司，打造受人尊敬的百年企业。

一、传承敢为天下先的创业精神

万丈高楼平地起，一砖一瓦皆根基。一个人要想在社会中生存，必须有一定的生存技能。周家儒出生于1953年，由于家庭原因，童年受尽侮辱打击，1966年小学六年级便退学到工地打工。正是这段艰难的岁月磨炼了他坚韧的性格，让他拥有了顽强不屈的精神，也为他后来的成功埋下了一颗种子。摆脱贫穷、改变命运，成了周家儒早期奋斗的原始动力。那时的周家儒横下一条心，一定要学好一门技术，出人头地，养家糊口。1969年，在工地上打工的周家儒干着每天2毛钱的工活，却十分卖力，白天工作8小时，晚上还要给包工头帮工，也因此将电焊工、钳工、车工、模具工、钣金工等技术都学了个遍。后来，周家儒自己成立了机械安装的包工队，带领团队在江西、湖南、广西、四川、湖北、河南等全国各地承揽业务。1978年，周家儒已经成了万元户。改革开放后，允许开展个体经营，但个体户仍面临许多不稳定因素。甚至一些地方仍将这种经营活动归为投机倒把行为。周家儒也因此被以投机倒把的罪名抓了起来，没收了所有钱财。青年时期的经历不仅使周家儒掌握了一系列的技术，为他以后开拓事业奠定了基础，而且让他明白了只有掌握更多的技术，才能在一个行业中发展得更好。正是由于这段经历，周家儒苦练内功，把技术活做得小有名气。

  周家儒之所以能专注于做一件事，得益于他的家庭背景和温州人的性格。周家儒祖上是从福建迁到温州的，最早追溯到的先祖是明末戚继光将军的一个手下，也是台州的抗倭英雄。先祖的精神时刻感动着族人，现在周家在温州有几千号人，家族成员身上都有这样一种坚持、不服输的基因。周家儒从小受同学欺负，为了保护自己，他在14岁时就去当地拜师学习南拳。师父见他学得非常认真，就问他："我有一个三拳就能把人打倒的绝招，但是这个绝招要10年才能练成，你想不想学？"周家儒忙说："想学，10年不要紧，哪怕用11年、12年都要学。"这个绝招就是在对打时，不论对方怎样动，三拳都要打在对方肩膀的同一个位置上，第一拳打红，第二拳打紫，第三拳打出血，他就倒地了。为了练习这个绝招，周家儒用了12年。练成之后师父对周家儒说，你12年能专注于学这一个招数，今后出去做任何事情，只要专心致志坚持再坚持，也一定能够成功。

二、赚钱是办好企业的直接目标

东瓯王国千年故地，东南山水甲天下。作为中国改革开放的重要发祥地、中国民营经济的拓荒者、市场经济的探路者、农村改革试验区、"走出去"发展的引领者，温州勇立时代潮头，大力发扬"特别能吃苦，敢为天下先"的精神。温州人民解放思想、实事求是，大胆探索、勇于实践，其中有艰辛与曲折、奋斗与拼搏的辛酸历程，也有光荣与梦想、灿烂与辉煌的成功喜悦。温州立足民力、依靠民资、发展民营、注重民富、实现民享，全民创业成为经济发展的鲜明特征，民营企业成为最活跃的市场主体，民间资本在经济社会发展中发挥着突出作用。温州率先进行市场取向改革，大胆冲破计划经济体制束缚，大力发展个体经济、民营经济，推动社会主义市场经济在温州的生动实践。在进行市场经济探路过程中，温州创造了许许多多的"全国第一"。

1984年下半年，改革开放的政策开始在企业中推进，民营企业作为一支鲜明的力量开始在中国市场经济中发挥作用。中国民营经济的大幕就此拉开，这预示着一个全新时代的开启。1985年1月，温州市第一批民营企业正式注册成立，周家儒的企业就是第一批2000多家企业中的一个。这一政策不但推动了经济的发展，也给那些不甘平庸的人带来了机遇与希望。同年，张瑞敏、王石等人开始创业，可以说这一时期是群星闪耀。"时代的一粒灰尘，落在个人身上便是一座山"，同样，当时代的一缕光照在个人身上的时候，所释放的能量于个人而言便是一个太阳。改革开放初期，中国市场上企业数量相对较少，市场竞争并不激烈。对于地处浙江东南部一面临海三面环山的温州市来说，其经济基础十分薄弱，可利用的自然资源少，人均耕地面积不足半亩，交通条件又相对闭塞。敢为人先的温州人在自主创业方面走在了全国的前列，全国个体户有较大一部分集中在温州地区。

周家儒创办企业的初衷很简单，就是要赚钱养家糊口，在经济上略有节余就心满意足了。当时，周家儒已经在机械安装及制造领域深耕多年，不仅掌握了电焊、钳工、车工、模具工等全面的机械加工技术，还涉及项目管理、团队协调以及市场洞察等多个维度，有一定的影响力。这些技能的综合运用，使周家儒能够在复杂多变的市场环境中，精准把握行业趋势，高效推进项目执行，并不断创新以满足客户日益增长的需求。

同时，改革开放之初，我国正处于产业结构调整与升级的关键时期，经济的快速增长与人民生活水平的提高，使人民群众对各种商品和服务的需求日益旺盛，这为企业的发展提供了广阔的市场需要和发展潜力。当然，由于我国市场经济处于探索时期，市场经济的相关配套法律政策仍在不断地丰富完善之中，法治环境有待进一步完善，市场秩序混乱、侵权行为频发等问题尚不能得到有效解决。这个时候，考验的是企业家的思维和敢为人先的精神，只要胆子够大，敢拼敢闯，在政策和法律允许范围内进行创新，就能成功。

正是在这种背景下，1986年，周家儒与8个朋友凑了3万元买了一辆菲亚特汽车，准备做汽车零部件。他们对汽车进行了分拆，最后周家儒选择做汽车等速万向节。经过近一年的研究，周家儒在团队的配合下终于弄明白了汽缸原理，解决了技术、质量问题，并进行了模仿生产，1987年月产90个左右，到1990年就实现月产2000个左右了。产品生产出来了，销售又成了大问题。当时，天津是我国汽车零部件集散地之一，周家儒就自己去天津推销。在天津期间，周家儒遭遇了一生中最多的拒绝，还被一些销售商放狗驱逐。但在他坚持不懈的努力下，产品终于被一位高姓师傅看好，并与他签订了供销合同，一下子就打开了产品的销售窗口。此后二人的合作也非常默契、十分愉快。周家儒坦言，他在天津推销自己产品的时候就立定了一个念头：产品推销不出去就不回家。他横下一条心，坚持"不要脸"，不怕被拒绝，一家一户地上门推销自己的产品，最终他的坚持让他遇到了识货的人。

1995年，42岁的周家儒成了温州小有名气的企业家，是当时很多人羡慕的对象。这时候一部分与他一样的企业家放弃了努力，觉得一辈子够吃够用就行了，不用再干了。站在人生的这个节点上，安于现状，过小康生活，无疑是一种极具诱惑的选择，然而周家儒却陷入了对人生的沉思：是继续努力把事业做大，还是安于现状过小康生活？最终，内心深处那团创业的火焰占据了上风。不惑之年的这次思考，让周家儒将创业初期出人头地、光宗耀祖的想法，转化为为更多人提供就业机会、为社会创造更大的价值、帮助更多的人的目标。他开始意识到企业的价值不仅在于个人的成就与家庭荣耀，更在于为社会、为国家、为全人类做出积极的贡献。也正是这一选择，为冠盛股份今后的发展确定了方向，也为冠盛股份今天的成就奠定了基础。

三、心简单了事业就简单了

复杂的事变得简单起来，事情就会有所转机，就会朝着更加美好的方向发展。从周家儒立志要以汽车零部件为基石做一番事业起，冠盛股份就成了他实现梦想的起点。从1999年到现在，冠盛股份的发展以周家儒接触稻盛哲学为分界点，分为两个阶段。

1999年，周家儒参加了美国拉斯维加斯汽车配件及售后展览会

（AAPEX），在展会上他得知，全球汽配售后是一个近10万亿人民币的大市场。冠盛股份作为中国汽配售后的一个企业，如果能够占到全球市场的万分之一，将会是一个多么大的市场。周家儒暗下决心，一定要在全球汽配市场占有一席之地。他倾注了自己的精力，努力搞好企业经营，把企业20%的股份分给中高层管理人员，用了3年时间将营业额从2003年的1.6亿元提升到了2006年的5亿元。也是在2003年，冠盛股份启动IPO上市历程。2007年企业营业额达到6.3亿元，净利润4000多万元。有券商说："按这样的业绩增长速度，三年左右有希望上市。"这时候的周家儒内心开始飘起来了，不禁有些骄傲自满。

很多事情就是这样，当你开始洋洋自得、志得意满的时候，一盆冷水就会朝你泼过来。2008年，一场由美国次贷危机引发的全球金融危机波及了中国的制造业，周家儒的企业也无法独善其身。2008年，人民币汇率上升了10%，钢材价格由3800元/吨上涨到6800元/吨，原油价格突破每桶150美元，对制造业的利润影响极大。冠盛股份为了保产值，到全球抢订单，产值虽同比增加了18%，但净利润出现了断崖式下滑，当年营业额为6.22亿元，净利润不足200万元，企业发展遭遇了寒冬。这场全球金融危机使冠盛股份管理层出现了大地震，18名高层管理干部中有15名是高薪聘请的人才，他们集体辞职，使企业经营陷入了死地。雪上加霜的是，很多客户都提出延期付款的要求，一部分客户甚至直接违约不支付货款，造成冠盛股份经营性现金流减少。即使这样，供应商的货款也必须按协议支付，员工的工资决不能拖欠一天。周家儒变卖了所有的私人财产，还是不够解决现金流的问题。为了给企业"续命"，周家儒把在温州市区居住的唯一一套房产拿到银行做抵押借款。妻子拿着抵押合同的手一直发抖，手指印迟迟按不下去。周家儒轻轻地拍了拍妻子的背安慰道："放心好了，这只是暂时的，一切都会好起来。"银行贷款下来了，企业暂时渡过了难关。让人气愤的是，在这场企业危机中，一些人造谣说"冠盛股份现金流断了，工厂被供应商砸了，员工跑光了，周家儒也逃跑啦"。面对这种困局，周家儒以身作则，日夜坚守在工厂与员工共同奋斗，以坚强的意志坚持下来，挺过企业的危局，获得了核心员工的认同与支持。2008年下半年，一个新的管理团队以崭新的面貌出现在公司各部门的领导岗位上，让公司的经营开始正常起来。

大部分人遇到人生逆境，都四处找药方，周家儒也不例外。从2009年起，企业业绩好转后，周家儒开始参加社会上的一些成功学课程，也参加了不少名校的企业经营、企业管理、企业战略类的培训班。在周家儒看来，这些班次与课程使他丰富了知识，开阔了眼界，打开了视野，然而，所学的知识却很难应用到实际管理中，企业效益依然增长缓慢。冠盛股份是一家良性发展的企业，业绩一直保持稳步增长的趋势。在发展的过程中，周家儒靠着自己的个人能力与不服输的精神，带领公司渡过了一次又一次危机，但是这些经历更让周家儒陷入了沉思：为什么自己这么努力，企业的经营还会遇到这么多的问题？为什么企业的高管会离自己而去？为什么员工面对企业如此的困难却熟视无睹？为什么企业维持下去如此艰难？

2014年，周家儒接触到了稻盛哲学，他就像一个着了迷的小学生一样，如饥似渴地把市面上有关稻盛哲学的书买来学习，还积极参加了《六项精进》《成功方程式》《领导者的资质》等课程的学习。2014年6月，周家儒和几个企业家一起发起筹备温州盛和塾，周家儒作为创塾理事长。同年8月28日，温州盛和塾成立，周家儒担任第一届理事长。学习稻盛哲学后，周家儒懂得了"活着，就要感谢"的深刻内涵，将"谢谢"两个字渗透在潜意识之中，随时随地都会脱口而出"谢谢"，周家儒的这种行为也影响并感动了企业的管理层和员工。正如稻盛和夫所说，要想成就大企业，经营者在经营企业和管理员工的日常中，不能只着眼于公司业绩和财务回报，更重要的是要发展和塑造起自己的个人魅力，也就是人性和人格。周家儒想到的是要为人类社会的发展做出贡献，但是他更坚信的是凡事要从小事做起，要从普通的事、简单的事做起。"一个人一辈子，坚持做好一件简单的事这本身就不简单"，这句话也成了周家儒的座右铭。

2015年4月，冠盛股份导入稻盛哲学，开始构建冠盛经营哲学。2017年5月，冠盛股份正式发布自己的经营哲学，明确企业经营事业的目的和意义，提出了公司的核心理念、经营理念、人生哲学和工作哲学共40条清晰内容，强调了经营哲学是企业发展的"定海神针"，"制造业+资本市场+互联网营销"是推动公司未来发展的"三驾马车"。公司全体员工认同企业的使命、愿景和价值观，大家哲学共有、上下同欲、众志成城，为共同的战略目标而努力奋斗。经营者必须以付出不亚于任何人的努力而拼命工作。经营者拼命工作是为了员工的幸福生活。经营者必须"心怀善念"，处处以"利他"的精神来对待员工、对待客户、对待供应商、对待投资者，同时还要为推动实现共同富裕做出贡献。

以冠盛股份导入稻盛哲学的时间为分界点，我们可以看到公司的发展变化：冠盛股份的销售额从1亿元到10亿元用了14年，从10亿元到20亿元用了5年，从20亿元到30亿元只用了3年；2007—2015年的9年间，公司销售额只增长了3亿元，而公司引入稻盛哲学后的2016—2023年的8年时间销售额增长了约22亿元；2020年8月17日，冠盛股份还实现了在上交所主板上市的目标。（见图1）

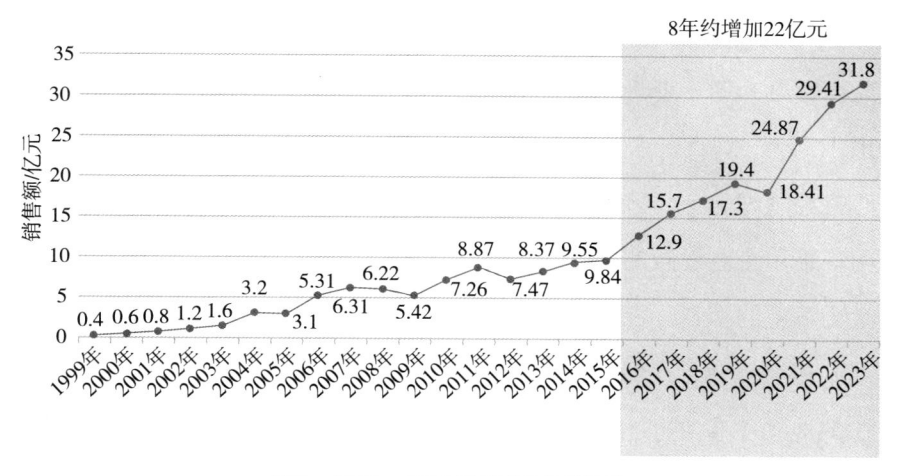

图1　1999—2023年冠盛股份销售额

四、形成专属的企业文化

冠盛股份在发展的过程中，逐渐形成了"为全球汽车零部件市场提供完美的产品和服务，帮助合作企业共同成为该行业的领导者，让员工幸福，客户满意，供应商受益，股东增值，为社会做贡献"的企业使命，"成为全球汽车零部件行业的伟大公司，打造受人尊敬的百年企业"的企业愿景，以及"诚信、责任、合作、创新"的核心价值观。而"做百年企业，创千亿市值，享万亿市场"则是冠盛股份始终如一的追求。

近10年来，冠盛股份不仅实现了经济效益的增长，其创造的社会效益也不容小觑。公司已获得ISO14001环境管理认证证书，冠盛股份的节水技改项目入选"2023年度市级节水型载体和工业节水技改项目"。冠盛股份通过校企合作，打开了招聘的新模式；同时积极践行企业社会责任，用助学等激励方式孵化人才，促进"校企合作、产教融合"办学模式和人才培养，加深企业与高校的交流与合作。通过"润志计划"帮助大学生就业创业：帮助就业困难的应届毕业生实现高质量就业，和浙江携职专修学院联合举办为期一个月的就业素质和技能培训，提供捐赠并支持培训项目落地。

在经营理念上，冠盛股份"诚信、责任、合作、创新"四大核心理念共同构筑了企业发展的坚实基石。诚信是企业立足之本，是赢得客户信任和社会尊重的基石。冠盛股份坚持诚实守信，对客户承诺必达，对合作伙伴坦诚相待，对社会负责到底。责任感是推动企业持续发展的内在动力。企业的成功不仅在于经济效益的提升，更在于对社会的贡献与回馈。因此，冠盛股份积极履行社会责任，关注环保、公益等社会议题，努力成为有担当的企业公民。合作是共赢的基石。只有与合作伙伴携手共进，才能实现资源共享、优势互补，共同开创更加美好的未来。冠盛股份注重建立长期稳定的合作关系，与供应商、客户、同行等各方保持密切沟通与合作，共同推动行业进步与发展。创新是企业发展的不竭动力。冠盛股份鼓励员工勇于尝试、敢于突破，不断探索新技术、新产品、新服务，以满足市场变化和客户需求的多元化。同时，冠盛股份也注重内部管理创新，通过优化流程、提升效率等方式，不断提升企业的核心竞争力和市场适应能力。周家儒的管理心得就是注重以人为本，关注员工成长与发展。为员工提供良好的工作环境和发展平台，鼓励员工自主学习、勇于创新，并积极参与企业的决策与管理过程。注重制度建设与流程优化，通过建立健全的规章制度和高效的运营流程，确保企业各项工作的有序进行和高效运转。只有激发员工的潜能和创造力，才能打造出一支高效、团结、富有战斗力的团队。

在财务管理方面，冠盛在引入稻盛哲学后也逐渐形成了自己的特色。一是具有使命感的财务管理团队。在学习成功方程式之前，冠盛股份的财务系统就已主动研讨使命和愿景，核心团队高度认同公司文化，具有很高的使命感。学习成功方程式以后，财务系统更加清晰地明确了部门使命与愿景。二是从守护价值到创造价值的财务理念。过去，冠盛股份的财务管理理念是守护价值，重点工作在于监督、审核、控制；近年来，财务管理理念转变为创造价值，更多地参与战略决策、参与经营活动，强化资金与外汇管理，为公司的业绩增长做出了重要贡献。三是健全的财务管控体系。公司制定了健全的财务治理与财务管控体系，包括在内部控制、全面预算、财经融合、财务报告、信息披露、税务管理、财务手册、财务团队建设与人才培养等方面，都制定了完善的管理制度与流程，还建立了根据公司发展情况持续完善的机制。四是重视团队建设与人才培养。公司十分重视人才培养工作，在财务管理方面更加重视人才梯队、专家人才的培养。对于财务管理系统的培训经费、团建经费需求，公司都是全额支持。2024年，冠盛股份一次性引进了11名重点大学应届毕业生加入财务系统，为公司的持续发展储备优秀人才。五是财务智能化。公司的重点信息化项目都是围绕财务要求展开的，业务方面的信息化项目也都需要财务参与。从经营管理到会计报表、信息披露、财务分析、预算管理，财务系统都有非常高效的工具。这些理念和工具使得公司的财务管理越来越高效，越来越有价值。

在经营上，冠盛股份也有自己具体的经验。一是把"销售的最大化和费用的最小化"作为企业经营的核心目标。它是一个目标的两面，既要做到销售最大化，又要做到费用最小化，两者不是割裂的，而是相辅相成的。一味控制成本费用，但销售没做起来，那么费用管理得再好也是没有意义的，企业发展不起来，规模也做不大。冠盛股份在经营中注重的是通过合理控制成本和稳定销售增长来实现企业的利润增长。二是在企业经营实践中不断提升客户满意度。比如：研究市场和客户需求，不断调整和改进产品和服务，满足客户的需求；注重市场营销，采用果断有效的营销手段，提升销售业绩；重视品牌建设和口碑管理，建立完善的客户服务体系，提高销售和客户满意度。三是注意掌握经营中的相关信息。冠盛股份会把接触到的大量上游客户和下游供应商反馈的需求及供应方面的一手信息，结合行业、宏观经济及政策等方面进行分析，形成对产品市场行情走势的基本判断，这些判断对销售定价和原材料采购形成指导，使公司能更快地应对市场环境改变。四是在经营中不断反思提升，特别注重运用经济学和金融工具。冠盛股份在经营中也曾走过弯路，例如在 2020—2021 年，由于原材料价格快速大幅上涨，造成部分订单亏损，甚至由于成本太高，出现订单毁约的情况，也给公司对外信誉产生了一些不良影响。当年，冠盛股份是直接采购现货钢材，担心市场缺货，在价格高位还做了一定的库存准备，使得整个成本水平较高，当年毛利水平大幅降低。在反思总结经验教训后，现在冠盛股份采取期货对冲操作，将成本控制在市场成本附近甚至更低。通过供需分析来指导销售对产品灵活定价，运用期货与现货结合的采购方式来控制成本并锁定销售利润，可以相对市场更快地调整产品售价，无论是产品涨价周期还是跌价周期，都能更多地占领市场，保证利润，做到销售最大化。以 2023 年为例，冠盛股份在研判市场行情后，通过期货对冲和现货市场采购提前锁定钢材等原材料价格，全年平均下来钢材采购成本比市场价格要低 100 多元，一般市场的钢材成本是 4500 元/吨，冠盛能做到 4350 元/吨，这样在销售端定价和获取客户方面就有优势。运用期货等金融工具，就是两条腿同时走路，既拓宽了公司的采购和成本控制渠道，还能更迅捷地应对市场的波动和研判市场的未来趋势，并能够更灵活地制定销售策略。

五、始终把员工幸福放在第一位

冠盛股份秉持"打造学习型组织，培养员工终身就业的能力"的人才培养理念，围绕"土、根、干、枝、叶、果"的果实成长轨迹，衍生制定了公司人才培训体系。周家儒将冠盛哲学文化作为育才土壤，依托信息化平台与内容运营平台，以业绩驱动、训战结合的方式，定期为员工提供包含通用领导力培训、专业技术技能培训等定制化培训解决方案，在满足员工个人成长及公司人才队伍需求的同时，也在不断培养员工的终身就业能力，为全球行业生态提供人才供给。依托完善的人才培养体系，冠盛股份的员工有多种渠道得以持续学习与成长。为打造"内训为主体，外训为补充"的"内外循环、双向驱动"的职业培训新生态，不断强化员工培训效果与水平，公司特别关注企业内训师队伍的培育，对活跃讲师进行星级评定，确认内训师的年度规划，为内训师制定目标和实施方向。公司还为应届生准备"青柠计划"，为新员工提供新员工培训，为工作两年以上的优秀员工、团队骨干提供系列"龙班"，为一线员工提供"体系验厂"培训，针对技术、信息、财务、运营、行政等不同部门提供专业提升培训；还有各项拓展活动、团建项目、部门学习会、董事长月度学习例会、哲学文化游学等覆盖全体员工的课程活动；同时也鼓励员工提升学历，帮助员工对接院校，实现自我成长。

关心员工的同时还关注员工的家庭。在冠盛股份工作的员工不存在家庭和事业的矛盾。表面上看，员工在公司工作，陪伴家人的时间就少了。但周家儒认为，陪伴必须是高质量的，员工在休息时间应该做好策划，带着孩子家人参加社会活动，共同成长，这样就会获得家人更多的支持。员工在公司把事做好了，职位、薪酬等回报高了，也就更有条件陪伴家人。

周家儒自己也同样如此，他的成就离不开家人的支持，儿子、妻子看到他的努力和付出也更加理解他了，反过来更进一步地促进了家庭的和谐。冠盛股份把员工的幸福放在第一位，周家儒作为经营者率先垂范、拼命努力，获得了员工的信赖，广大员工愿意追随他一起打拼。为了让员工安心工作，公司不但改善了员工食堂，为员工建立高档的健身房，还为员工营建了高标准的舒适生活环境。为了解决员工的后顾之忧，为员工子女开办夏令营，开拓员工子女的视野，为员工子女设立奖学金，帮助确立未来发展目标，还为员工提供婚育补贴。同时，冠盛股份还成立了由员工组成的宣讲团，让他们在公司、社区和街道成为企业文化的传播者，让他们参与所在区、市政府举办的各类文化活动，把公司的形象传播开来。为了使冠盛文化走出去，公司还定期举办员工的全国游学活动，让他们参加全国盛和塾会议，与全国盛和塾的成员进行交流。

冠盛股份把稻盛和夫经营企业的理念贯穿到企业的全体员工之中，每个员工都以客户为中心去经营，同时削减成本、研发新成品。公司只有真正地把员工当成家人，才能把员工的工作积极性充分地调动起来。

周家儒认为，做企业一定要有一个明确的事业目标，里边得有一个大义，就是要让员工获得物质与精神的双幸福。但是如果目标树立得太高，员工就没有反应，没有积极性，因为他们感觉目标与自己无关。所以周家儒在冠盛股份树立了三个目标。一是让每一个员工都有一个相互尊重的工作环境，在公司内杜绝管理人员侮辱、辱骂员工。二是让每一个员工都有一份体面的收入，公司的工资一般高于同行10%左右，这大大降低了员工的流动率。三是让员工拥有一份可传承的财富，核心员工与对公司有贡献的员工都可以获得公司的股份。企业为员工着想，员工就会视企业为家，激发无限干劲。

2020年8月17日，冠盛股份迎来了上市的日子。公司上市后，周家儒做的第一件事就是把部分股份分给了公司的96个核心员工。2024年1月，他又拿出一些股份分给了102名员工。他把员工的幸福放在第一位，愿意给信赖冠盛股份并且愿意跟公司一起成长壮大的员工一份保障、一份底气。

六、注重培养好接班人

企业传承是两代人的工程，是每个民营企业都要面临的问题。据了解，在温州"企二代"愿意接班的不到30%，而能接好班的不到10%，也就是说10个企业家中有一个后代能接好班就不错了。为了让儿子愿意接班并接好班，周家儒做了长期系统的规划安排。让儿子从小就参加公司活动，在小学六年级时就让他参加公司的一些会议，高中时就带他一起到上海、北京、杭州出差办事。儿子高中毕业后，又被送到美国南加州大学留学，硕士毕业后在美国子公司当销售员开始做起，之后在项目员、项目经理、销售经理、北美公司总经理、南美公司总经理等多个岗位上历练。

2021年，周家儒的儿子回到温州任集团总裁，现在已是第三年，但周家儒认为他还要在实践中继续锻炼成长。为了让冠盛股份能够永续发展，为培养更多的后继人才，冠盛股份还发起成立了德润公益基金会，通过基金会打造家文化，让企业员工之间相互认识，代代相连，以共同的使命和愿景紧紧凝聚在一起。

结束语

周家儒几十年来一直专注做汽车零部件，这是贯穿始终的一件简单的事情，但这个简单的事情现在已经做得太不简单了，不仅规模较大，而且已经国际化了。最为关键的是，周家儒解决了家族企业的两个难题：一个是劳资关系问题，也就是企业家和员工之间的关系问题；另一个是代际更替问题。综观中国企业的几十年发展历史，很多企业做到一定规模，就开始走下坡路，甚至最终销声匿迹，败就败在没有处理好这两个问题。2008年美国次贷危机引发全球金融危机之后，冠盛股份的18个高管走了15个，这也是公司劳资关系冲突最激烈的时期。自从2015年引入稻盛哲学后，公司发生了很大的转变，真正把员工当家人，增强了公司凝聚力，激发了员工创造性，公司经营也实现了逆势增长。为了妥善处理好代际更替问题，周家儒非常关注对儿子从小的培养，这也是企业能够持续发展的关键。

古人说，一生只做一件事。简单总是在千帆过尽再回首时才看到的结果，但是经历的过程却是不简单的；同时，看着别人做简单，一旦自己具体深入其中，却发现并不是那么简单的事情。周家儒用实际行动，诠释了简单与不简单的辩证关系。

平衡与协调

提升全体员工物质与精神协调发展的幸福感

浙江谦君和仪表有限公司

引言

平衡与协调是反映事物发展过程中矛盾诸方面的关系和表现形态的哲学范畴，平衡与不平衡相对，协调与不协调相对。平衡与协调指的是矛盾双方有条件的、相对的统一，是事物发展稳定性和有序性的标志之一。平衡与不平衡、协调与不协调在一定条件下的相互转化是客观存在的普遍现象。事物存在和发展的状态，就是从平衡、协调到不平衡、不协调，再出现新的平衡、新的协调的相互转化的过程。当在事物发展中尚不具备建立新的平衡、新的协调条件时，维持事物的原有平衡和原有协调是十分必要的。只有在事物发展中建立新平衡、新协调的条件具备时才必须积极利用事物自身的不平衡、不协调因素，突破原有的平衡和协调，建立新的平衡、新的协调。

浙江谦君和仪表有限公司（以下简称谦君和）是一家专注于智能流量仪表的研发、生产、销售和服务的国家级高新技术企业，创始于1991年5月，至今已走过33年发展历程。谦君和始终专注于做好一块智能流量仪表，在技术上追求极致、在管理上追求精益、在标准上追求零缺陷，从电磁流量计到涡街流量计，再到超声波流量计，从产品研发投产到拥有流量检测中心，再到参与行业标准、国家标准制定，逐渐成长为国家级高新技术企业，在适应时代潮流中引领时代发展，在回应客户需求中超越客户预期。谦君和深耕智能流量仪表，心无旁骛30余年，既得益于改革开放带来的发展机遇，又不负时代使命，努力实现科技自立自强和国产化替代，为数字中国建设添砖加瓦。

谦君和立足于科技创新和科技自立自强，实现仪表领域从机械向智能转化的革命性变革。谦君和具有包括研发、生产、检测、市场营销和技术服务的完整产业链，建立质量、环境、职业健康安全、测量、实验室、安全生产等管理体系，形成了较为完善的具有谦君和特色的企业文化，企业的品牌效应、知名度与市场地位得到大幅提升，市场占有率跻身国内同类品牌前三。

谦君和自成立之初，即坚持以科技创新为引领，以数字化智能化为方向，以品牌建设为主线，每次发展都随着厂址搬迁带来的发展机遇，伴随着技术的不断创新，促进企业文化的不断完善。企业发展可清晰地划分为四个阶段。

第一阶段：企业初创期（1991—1995年）。改革开放之初，国内流量仪表以机械流量表为主，智能流量仪表还处于研究和尝试推广阶段。当时在市科技局技术科工作的明净（化名），在与家人慎重商量后，决定走以技术谋发展这条路，从科技局下海，于1991年5月创办了义乌市电器工业公司仪表厂（谦君和的前身），1993年其夫人乾贞（化名）也下海来公司上班。1994年仪表厂改制为义乌市仪表有限公司。在创业期间，企业靠租借场地经营，以智能显示仪表的开发、生产、销售为主，产品的机加零部件均为外协或采购。

第二阶段：快速成长期（1996—2002年）。这一阶段，明净夫妇抓住机会，一方面继续推动技术创新，一方面扩大厂房，实现了第一次厂址搬迁。1996年1月，企业第一次拥有自有生产经营场地。公司搬迁后，开始有了自己的机加车间、气体流量标准装置，形成了流量仪表开发、生产、检测、营销体系。1997年，企业被认定为浙江省高新技术企业。企业通过了ISO9001质量管理体系认证，成立了党支部和工会，得到了全面健康成长。2002年8月，企业被认定为省级高新技术研究开发中心。这一时期，企业还被评为"九六年度企业信用等级AA级"、浙江省行业最佳经济效益工业企业。明净也荣获2000年度优秀企业家称号（义乌市）。

第三阶段：稳定发展期（2003—2017年）。这一阶段，明净夫妇继续扩大生产规模，推进技术创新。为满足企业发展和城市规划需要，企业再次进行了搬迁扩容，于2003年6月搬迁至现在的办公地址。隔月即正式更名为浙江谦君和仪表有限公司。这标志着谦君和进入了稳定发展时期。2008年8月，谦君和被认定为国家级高新技术企业。

第四阶段：持续发展期（2018年至今）。这一时期，企业发展进入新阶段。公司内设省级高新技术研发中心、金华市院士专家工作站、CNAS国家认可实验室（流量检测中心），下属两家子公司；授权专利49件，软件著作权6件；承担国家级项目4个，省部级项目35个；参与起草国家、行业标准15项；承担起草浙江制造团体标准《电磁流量计》项目，获浙江制造"品字标"授权证书。公司先后被评为市著名商标、浙江省著名商标。公司汇聚了一批精通经验管理、专业技术高超、不断追求卓越的高素质人才，形成了一支朝气蓬勃、纪律严明、同舟共济、奋发图强的精英团队和思想、文化、技术、业务素质过硬的技术工人队伍；配备了现代化数控生产加工设备和先进的流量标准装置，建立了集研发、生产于一体的总部生产基地；构建了完善的市场营销体系，主要产品遍布水务、石油、石化、冶金、医药、食品、环保、热电等行业。这个时期，明净夫妇更多考虑的是企业如何持续发展的问题，也就是如何提升全体员工的幸福感，如何实现员工物质和精神协调发展。

进入新时代，面对世界百年未有之大变局和中华民族伟大复兴战略全局，要实现持续经营，就必须既要见"物"，更要见"人"，就要实现从关注技术和管理，向关注员工的幸福感、关注客户的满意度转变。为此，明净夫妇经过不断学习、广泛涉猎、深入思考，特别是在加入浙江盛和塾之后，全面学习借鉴稻盛哲学，导入阿米巴经营模式，并不断吸收转化和创新，明确了公司持续发展的不二法门，即只有致力于不断提升全体员工物质与精神协调发展的幸福感，谦君和才能不断披荆斩棘，兑现零缺陷的承诺，持续经营，回报社会。

在追求企业成功的同时，关注员工和客户的幸福是至关重要的。这与习近平总书记提出的"人民对美好生活的向往就是我们的奋斗目标"的理念相呼应。美好生活包含物质和精神两方面的富足，两者相辅相成。在现代社会，幸福感并不单纯由财富决定，过多的物质追求可能导致精神失衡，物极必反，过度的物质追求会破坏一个人身心的和谐。协调发展是新发展理念的重要组成部分。从宏观上看，协调发展指的是一个国家如何实现区域协调发展、城乡协调发展、行业协调发展等。具体到企业，更多则是指如何实现各部门之间的协调发展。明净在推进企业发展的过程中，逐步认识到，没有全体员工的幸福，就不可能有企业的健康发展，更不可能有企业持续的健康发展。如何提高员工的幸福感呢？谦君和在学习稻盛哲学以及在导入阿米巴经营的基础上，提出并实践着提升全体员工物质与精神协调发展的幸福感。

一、经营上追求可持续：不断反思何为幸福感

自创办公司以来，明净夫妇一直在思考企业的发展方向。在改革开放的大背景下，探索虽然没有既定的方向，但都面临着需要解决的实际问题，即企业发展的哲学问题，发展方向和方法路径问题，也就是企业向何处发展以及如何持续发展的问题。一个是经营方法，即如何管理企业；另一个是寻找心灵的力量，即如何引导和激励员工。这两者看似不同，实则相辅相成，只有经营得当，员工团结一致，企业才能发展壮大。

在企业初创期，适逢1992年1月邓小平发表了南方谈话，为中国的

改革开放指明了方向。在党的十四届三中全会提出"建立现代企业制度"的大的改革背景下，如何实现企业转型，如何实现持续发展、持续创新，事关企业的生死存亡。在稳步推进技术创新的同时，明净夫妇持续不断地反思何为幸福感。这个持续探索的过程有20年之久。从20年前开始，明净夫妇便投身西方管理理念的学习，这些学习经历为企业注入了丰富的养分，促进了组织的成长和发展。每一次的学习和反思，都是企业进化的过程，这让他们更加坚信，持续学习和改进是企业永续发展的关键。

明净夫妇意识到，除了具体的操作方法外，还需要心灵层面的滋养，于是，他们开始涉足国学与传统文化的学习。起初，他们可能更多地关注于道家思想，随着学习的深入，逐渐转向了哲学。在学习国学的过程中，他们清楚地了解到传统文化的价值，却苦于不知如何将其融入日常运营，让这些智慧在企业中生根发芽。此时，稻盛和夫的著作稻盛哲学为他们揭示了如何将传统智慧应用于现代企业管理，书中关于如何将稻盛哲学融入日常工作生活的阐述，深深地吸引了明净夫妇，让他们看到了希望。

稻盛和夫的人生与工作成功方程式使乾贞产生了强烈的共鸣："成功=思维方式×热情×能力"，这个公式表明成功的基石不仅是能力与热情，更重要的是思维方式。思维方式可以从-100分到100分不等，正向的思维方式是成功的关键。

明净夫妇认识到，稻盛和夫提倡的"作为人，何谓正确"，与之前学习的国学相辅相成。儒家文化倡导的"实事求是"与稻盛哲学的"正确"观念不谋而合，这使他们能够在工作和生活中找到平衡点。明净夫妇开始将稻盛哲学的理念融入日常管理和员工培训中，通过机制的建立，让这些理念在企业内部生根发芽，影响着每一位员工的工作态度和行为方式。这样的融合，使得公司不仅在业务上有所提升，更在精神层面获得了充实，为企业的持续发展奠定了坚实的基础。

企业如何实现可持续发展，而不只是低谷期后的反弹，这是每个企业经营者都应该思考的问题。在谦君和的发展历程中，明净夫妇确实遇到过不少挑战，这些挑战说到底就是平衡与协调的问题。例如，中国房地产曾一度成为发展的引擎，一些企业纷纷抛开主业投入房地产业。在房地产行业最繁荣的时期，明净夫妇感到了明显的压力。那时的公司规模较小，外部诱惑颇大，引进人才、留住人才都面临诸多挑战。在这个最为艰难的阶段，谦君和仍然坚守主业，依靠团队的凝聚力得以渡过难关。与其他企业不同，明净夫妇追求的并非仅仅是在低谷期后的反弹，而是实现持续稳定的增长。明净夫妇一直在探索如何在发展过程中汲取教训，转化为推动进步的动力，并为此设计了一系列研究项目，旨在寻找答案。可以说，学习稻盛哲学对谦君和走出困境、持续发展起到了至关重要的作用。稻盛和夫的理念引导明净夫妇思考如何通过工作实现个人成长，强调劳动的价值，并倡导赚取正当利润。他们相信，稻盛和夫人生和事业的成就已经证明了这些理念的正确性。因此，谦君和将稻盛哲学融入企业文化，作为行动指南。

拓展经营是企业持续发展的重要方法。目前，谦君和在高端行业中的市场占比大约为百分之十几，在全国排名稳居前列。但由于文化差异，这一比例在不同行业、不同区域也有所不同。例如，在医药行业，谦君和的市场份额可能高达五六成；而在水务领域，北方市场较难进入。不过，在招投标市场上，谦君和表现强劲，冶金行业也是谦君和的强项，工矿产品曾经是谦君和的主营领域，但现在已发展为工业和水务两大市场，工业市场的表现不再如以往那样强势，水务市场则正在成为新的增长点。为了持续发展，谦君和正规划加大在水务市场的投入，同时正考虑拓展海外市场，在国际市场建立自己的品牌。

二、技术上追求极致：构筑幸福感的物质基础

谦君和把"今天，我们成为流量仪表家族中的一员；明天，我们将是流体测控技术的引领者！"作为鼓舞每个谦君和人不懈奋斗、持续创新的精神动力。30多年来，谦君和人坚定不移地推动仪表的智能制造和信息化发展，致力于为站在科技自立自强的制高点而不懈努力。公司瞄准高精尖仪表方向，始终坚持创新理念，把产品研发放在首位。公司以争创国内流量仪表第一品牌为目标，不断推出技术领先的高科技产品，提升公司的品牌形象和市场竞争力。近年来，在每年上亿元的销售额中，新产品所占比重均超过80%。

通过技术不断革新、产品不断创新来提升企业的核心竞争力，是推动企业可持续发展的基础，也是提升全体员工物质和精神协调发展的幸福感的基础。谦君和依托省级研发中心和院士专家工作站，积极开展产学研战略合作，通过承担国家级、省部级、市级火炬计划，新产品计划和科研计划等科技项目，拥有的技术专利达60余项（其中发明专利6项），获得了包括浙江省科技进步一等奖在内的多项省市级科技奖项。产品的技术水平处于国内领先地位，综合经济指标位居国内市场同行业前列，市场占有率跻身国内同类前三位，在国内流量仪表行业享有非常高的知名度。

通过加大研发投入，不断突破技术瓶颈，为公司的持续稳定发展奠定坚实基础。企业初创期，明净夫妇坚持以创新推动企业智能化发展，狠抓技术攻关，取得了初步成效。如，1991年12月4日，由长岭炼油化工厂计算机应用研究所、计量办和谦君和共同开发的"能源计量网络微机监测管理系统"在长岭炼油化工厂通过了由中国石化总公司发展部和

浙江省科委联合主持的技术鉴定。1992年，ESC能源计量网络微机监测管理系统荣获国家七五计划星火二等奖。快速成长期，企业继续推进技术创新。如，2001年，杭州电子工业学院和谦君和共同完成的"无接触设置微功耗智能涡街流量计的研究与开发"项目荣获浙江省科技进步奖二等奖。2014年6月27日，由谦君和承担的"基于功率谱分析的众数涡街流量计""基于ARM控制器的自动零点电磁流量计"两项浙江省新产品试制计划项目，得到专家组的一致肯定，项目顺利通过评审、验收。两项新产品技术均处于国内同类产品领先水平，实现成果转化以及产业化后，将使公司原有产品的技术水平得到飞跃式提升。面对检测仪表行业日益激烈的市场竞争，谦君和全力推进新技术和新产品的研发，在技术上追求极致。公司年均投入研发费用占整个销售额的7%以上，不仅设有省级研发中心，同时与中国科学院、北京大学、浙江大学、杭州电子科技大学、哈尔滨工业大学等均建有技术合作关系。公司的发明专利"涡街流量计的信号处理方法及系统"，解决了下限测量难、抗振动差等难题，量程比40∶1，赶超了国际水平；实用新型专利"电磁流量计零点修正装置"，彻底解决了产品长期使用过程中，因零点偏移导致仪表精度偏差、测量不准等问题，实现3mm/s零点跟踪技术，达到国际水平；"时差法超声波流量计的传输时间校准系统"专利，解决了液体管道测量过程中气泡的存在对测量的影响，实现整机精度1.0级，达到国内领先水平。

谦君和始终把追求高端作为仪表发展的方向，在市场竞争中把品质作为基础，开展基于品质的竞争，并乐在其中。明净对技术的精进，不仅在技术本身，更在于内心的信念，在交流技术中获得灵感，并与广大利益相关者携手，致力于振兴中国自主可控的民族工业，勇于承担责任，共创价值。

三、管理上追求精益：夯实幸福感的制度根基

对于所有成功的企业，技术如同土壤，为企业发展奠定基础，但仅有土壤是不够的，企业还需要"阳光、空气和水"，即实用的管理方法、数字化运营和体系化建设，这些是优秀企业不可或缺的要素。自创办企业之时起，明净夫妇就开始接触德鲁克的管理理念以及CAD等体系，学习到技术人员就是管理者，下属就是客户等崭新理念。如，在谦君和的组织架构中，技术人才同样承担着管理职责，他们需要对客户负责，无论是直接面向外部客户，还是作为内部客户的下游部门。这种责任链条确保了技术成果的有效转化和价值创造。同时，明净夫妇鼓励员工追求卓越，即使在技术领域，也能达到高管级别的成就。

1996年，质量体系认证在中国刚刚起步，明净夫妇就敏锐地抓住了这一机会，积极投身于学习之中。乾贞全面负责ISO9001体系认证工作，全流程严格按照体系运行，成功通过方圆认证。2000年，公司开始导入ERP，2005年开始着手生产BOM编制[1]，2008年导入PDM[2]，2009年开始开发ERP生产管理模块，2012年自主开发MES[3]，2018年ERP全面升级，2019年引入钉钉管理系统，2020年导入PLM[4]，2021年导入MES。

自2013年起，谦君和成功通过了质量、环境、职业健康安全、能源、

---

[1] BOM是bill of materials的简称，即物料清单，是描述企业产品组成的技术文件，在加工资本式行业，它表明了产品的总装件、分装件、组件、部件、零件直到原材料之间的结构关系，以及所需的数量。

[2] PDM是product data management的简称，即产品数据管理，是一门用来管理所有与产品相关信息（包括零件信息、配置、文档、CAD文件、结构、权限信息等）和所有与产品相关过程（包括过程定义和管理）的技术。

[3] MES是manufacturing execution system的简称，即生产执行系统。

[4] PLM是product lifecycle management的简称，即产品生命周期管理。

信息安全、知识产权、售后服务、两化融合（工业化和信息化融合）、企业诚信、社会责任等多项管理体系认证，以及欧盟CE、ATEX等产品认证。谦君和主导并参与制定了多项行业标准，其中一项浙江制造团体标准的制定，荣获了浙江省科技进步一等奖。谦君和的电测流量计产品被浙江省经济和信息化厅认定为装备制造业重点领域首台（套）产品和浙江制造精品。

围绕零缺陷数字化工厂目标，谦君和在智能化硬件方面，以ERP、MES等管理软件作为中枢管理系统；在智能化物流仓储方面，可快速完成产品原材料、产品配套件、成品件之间快速流转和输送工作；在数字化工艺平台方面，实现数据及时、准确，提高工艺一致性及标准化；在建立MES制造执行系统方面，可时刻管理和展示生产制造全流程，强化生产订单执行、设备运行、品质过程管理。

自2006年起，谦君和开始实施5S[①]现场管理，借鉴台湾建工的经验，持续优化。在标准化作业、体系认证（包括质量、环境、安全、能源、信息安全等）、安全管理等方面，都取得了显著进步，目前谦君和在当地的安全管理评级中位列前茅。谦君和在信息化和数字化方面已经实现了从订单到生产、研发乃至后勤支持部门的全面覆盖，形成了一个高效协同的全系统运作模式。

在精密产品的生产中，谦君和严格实行精细化管理。2010年10月，谦君和导入先进的管理模式，系统地提升企业的整体管理水平，打造出一支标准化、数据化、规范化的管理团队。2013年8月，公司启动TPS（丰田式生产管理），特意邀请在丰田汽车从事生产管理工作30多年的老师进行辅导，成立5S、QC（品控）、生产管理、物流、作业5个改善小组，使产

[①] 5S起源于日本，是指在生产现场对人员、机器、材料、方法等生产要素进行有效管理。"5S"是整理（seiri）、整顿（seiton）、清扫（seiso）、清洁（seiketsu）和素养（shitsuke）这5个词的缩写。

品质量在各工序内得到保证。公司产品从元器件筛选到半成品的制作、检验，再到整机安装、调试、成品检验、出厂，都有一套严明的奖罚制度，责任落实到人，每台仪表出厂前必须经过振动试验、高温老化试验、可靠性试验、耐压试验、防潮试验等一系列检测。各个车间都设有工作展板，产品品质、生产课题等以管理表的形式张贴公布。在生产中发现产品质量问题，谁都可以提出，并在管理表中体现。提出问题后，由具体负责人分析问题、改善问题，并在管理表中反馈处理结果。除质量管理表外，车间还有专门的不良品公示栏和公示柜，以最直接的方式提醒员工提高产品质量的重要性。为提升生产中的精细化程度，谦君和选用比较高端的德国伊达焊机，订制了一套针对公司产品专门设计的自动焊接设备，实现涡街流量计、浮子流量计、法液空节流装置等不锈钢件的自动焊接。整套焊接设备通过编程控制器，可根据工件材质、大小及焊接要求，设置相应的参数，进行摆动焊接、弧长跟踪，从而解决法液空产品对接焊接的难题，焊缝质量可达到一级片的水平。

通过开展精益管理，实现持续的精益生产和流程再造。如，焊接岗位通过精益改造活动的实施，将多个工序汇总、整合，减少等待浪费、流转浪费，实现"一个流自生产、自检完结"应用绩效，产品品质和效率提升70%。为实现全员改进与创新，开展合理化建议活动，收集来自一线员工的合理化建议和方案，确保公司从上到下保持改善的活跃度。公司为此设立了合理化建议奖，实施改造优秀一等奖、二等奖、三等奖。三年来合理化建议及实施改造100来个，奖励超50万元。

精益管理为阿米巴模式打下基础。在这一过程中，谦君和借鉴了日本的一套完整的管理框架，这套框架涵盖了战略、领导力、客户关系、资源管理、过程控制、测量与结果评估等多个方面，它被形象地称为"智慧学校"。明净夫妇将这套模式整合到公司的管理体系中，以指导战略规划、客户服务、产品研发、生产资源管理以及应对市场挑战等方面的工作，从而夯实了幸福感的制度根基。谦君和采用了易于理解和操作的方法，例如升级ERP系统，尽管起初需要耗费大量的时间和精力，但最终实现了流程的数字化和优化。阿米巴的数据直接来源于公司系统，从而保证了数据的真实性和准确性。比如，生产过程中如果缺少某个小零件，将导致装配无法进行，从而引发生产线停滞，影响客户交货。为了解决这个问题，明净夫妇带领团队优化了物料管理，确保每个工序所需的零件都能快速到位。他们在ERP系统中实施了一项新功能，通过预测分析，确保所有所需物料及时供应。鉴于谦君和生产的产品种类繁多，各批次大小不一，这种精准的物料管理尤为重要。客户可能要求一个月、半个月或10天的交货期，订单量可能从一台到数十台不等，因此，确保物料的及时供应是保证按时交货的关键。

谦君和还坚持每日早会制度，其中每周一的会议尤为关键，用于总结上周工作并规划本周任务。在早会上，公司会通报重大事项、表彰优秀员工，并指出需要改进之处。每周六上午，明净都要召集管理人员开周会，通常会持续两个多小时，每个部门都会汇报工作进展，这有助于解决各类问题。此外，还利用会议前的时间进行学习，定期举办读书会，加深对稻盛哲学的理解。通过组织年度全员封闭式学习活动，以及部门级别的早会，讨论工作进展和5S管理等。这些措施不仅强化了内部管理，提高了生产效率，还深化了员工对稻盛哲学的理解与实践，为企业的可持续发展奠定了坚实的基础。

四、服务上追求超预期：寻求幸福感解决方案

谦君和研发的电磁水表、电磁流量计、超声波流量计、超声水表、涡

街流量计、浮子流量计等产品，在水务、化工、制药、食品、环保、公用工程等行业广泛应用。公司在服务上始终秉持真诚与细致的服务精神，专注于提供流量测量解决方案和数据处理服务。

为顾客提供高品质的流量仪表及系统的解决方案，是谦君和的使命。谦君和从及时为客户提供准确可靠的产品出发，提供售前、售中、售后的全流程服务。售前，针对项目工程现场实际情况，提出选型建议，并综合考虑各影响因素，提供安装调试指导方案。售中，通过CRM系统（客户关系管理系统），建立客户服务档案，快速、准确无误核对采购订单问题；通过ERP系统，方便顾客实时查看订单执行情况。售后，设置了售后服务专员，24小时开通故障处理电话，10分钟内响应，24小时内派人到现场解决问题；同时准备了充足的备品备件及相关售后专用工具，确保后期故障处理所需。此外，谦君和还提供全方位的技术培训，满足顾客不同层次的培训需求。

乾贞认为"为客户提供优质产品、客户至上是企业经营的基本道德准则"，绝不能通过降低产品品质来赢得短暂的利润，而是要追求零缺陷，让客户有更好的体验。如果服务不好，客户自然就不会继续使用产品，谦君和在浙江水务市场中，在同类产品中占比近70%，好服务带来好口碑，如果服务跟不上，就不可能获得客户的持续认可和使用。

通过持续创新，谦君和正努力打造为一流的流量测量仪表和数据处理服务提供商。目前公司建有从DN8到DN3000的数字化流量标准装置，确保出厂产品的全口径覆盖，精度等级可达0.2级，检测水平在国内处于领先地位，所有产品均经过100%严格检测。通过阿米巴经营管理模式，企业持续优化经营指标与数据，以PDCA[①]循环推动改进，确保战略目标的

---

① PDCA是全面质量管理的工作步骤，P代表计划（plan），D代表执行（do），C代表检查（check），A代表处理（act）。

实现。例如，传统焊接工作需要工人弯腰操作，但谦君和试图推行站立焊接以提高效率。现场操作人员强烈抵触，他们认为，站立焊接会降低焊接的稳定性，特别是考虑到工件的重量，这是焊接行业的惯例。一名拥有18年焊接经验的老员工甚至质疑这一变革的可行性。然而，明净团队齐心协力，对工作环境和操作方式进行了彻底改造，不仅改善了工作环境，使之从原本的艰苦条件转变为更加舒适和安全的空间，还大幅缩短了从焊接到后续工序的周期。以前，从焊接到完成一个工序，可能需要两到三天的时间，因为焊接后需要自然冷却，然后进行密封性测试，而这一过程往往是分批进行的。但现在，采用了快速冷却和即时测试的方案，焊接的同时就进行吹风冷却，几分钟内即可完成，接着直接进行密封性测试，整个流程在一个小时内就能完成。这种改进不仅提高了效率，减少了等待时间，还节省了大量资源。

  谦君和在追求企业目标的同时，兼顾员工的福祉。物质富足是安居乐业的基础，因此首先要解决员工物质生活保障问题。为此，明净夫妇自2004年开始购置土地，确保员工的居住问题得到妥善解决。在这一过程中，明净夫妇以利他之心经营企业，坚持以人为本，追求员工物质和精神双幸福，这正是企业文化的核心所在。2004—2005年，政府给企业配套的几十套福利房，只有谦君和公司全部以低价给员工，与当时市场价相比，就是1000多万元的福利给到员工。他们非常注重改善员工的生活条件，宿舍建设得相当不错。虽然员工流动是市场经济的自然现象，但谦君和的员工离职率相对较低。

  企业的发展目标，涵盖了物质文化和精神文化的双重建设和协调发展。谦君和幸福委员会的成立，是实现员工和客户幸福的重要途径。稻盛和夫的成功方程式中，将员工幸福和客户幸福视为评价成功的标准之一，评分范围从-100分到100分。明净夫妇对此深有感触，他们认识到即便看似微不足道的细节,如产品合格率,也直接关系到客户的信任和企业的信誉。人们在购买商品时,总是期望得到品质可靠的产品,任何一点瑕疵都可能影响消费者的体验和企业的形象。因此,追求卓越,确保产品质量,不仅是企业的责任,更是赢得客户信赖、实现长期发展的基石。谦君和通过持续的企业文化建设,旨在创建一个温馨和谐的工作环境,让每一名员工都能感受到归属感和幸福感,激发他们的工作热情和创造力,从而为客户提供更优质的产品和服务。

在持续的管理改善中,谦君和每年都会提出并实施合理化建议,不断优化管理流程。谦君和正在建设的数字化工厂,将集成现有的多种国际标准体系,这些体系涵盖了从文档管理到设备维护等各个方面。例如,测量体系专注于如何准确量化和监控生产过程中的变量,确保数据的准确性和一致性。谦君和还遵循软件开发、信息安全和两化融合的相关标准,以适应企业日益复杂的需求。

拥有坦诚之心是做好服务的最高原则。明净夫妇认为,有能力的人、性情急躁的人、自我意识强的人,往往不愿听取别人的意见,即使听了,也会反驳。真正能够取得进步的人,是怀有坦诚之心、经常听取别人意见、经常自我反省、能够正确认识自己的人。所谓坦诚之心,就是承认自己的不足,发奋努力、态度谦虚。拥有坦诚之心,周围就会聚集同样心态的人,这样,力量就能凝聚起来,就会推动事业朝更好的方向前进。

五、文化上重塑价值观:打造最具幸福感企业

谦君和正在通过价值观重塑,致力于打造最具幸福感企业。公司将从产品设计、焊接、抛光、切割到组装的整个生产流程掌握在自己手中,甚至将质量检测提升到了国家级实验室的标准。这种独立自主和有舍有得的

精神贯穿于企业成长的始终。

明净夫妇从创业开始就一直坚持在学习中创新、在探索中发展，在坚持中形成品牌效应，汲取前进力量。在学习中华优秀传统文化中关于为人处世的道德原则时，明净夫妇开始反思：到底什么是善？古圣先贤给出了不同的答案。《易传》说："积善之家，必有余庆；积不善之家，必有余殃。"这说的是积德行善的家族，必有很多福庆之事；累积了很多恶劣行为的家族，必然留下许多祸殃。《围炉夜话》上说"百善孝为先"，强调了善的重要性，也把善具体化为"孝"。《道德经》中有"上善若水"，说的是有完美道德的人，就像水的品性一样，泽被万物而不争名利。但他们总感觉善还是不好把握。此时有人向他们推荐了稻盛和夫的《活法》，当看到稻盛和夫创办了两家世界500强企业，在书中指出"劳动是最好的修行"时，明净夫妇感觉如醍醐灌顶。他们将此前的学习与稻盛哲学的精髓相结合，逐步构建了一种既注重传统智慧又紧跟时代步伐的企业文化，这种文化不仅体现在企业的工作成果上，更体现在每一名员工对待工作的态度和风格中。例如，打造家文化，保证伙伴幸福与成长，保证客户的良好体验，让全体员工物质和精神协调发展，等等。

在深入学习稻盛哲学后，明净夫妇对"敬天爱人"这一核心理念产生共鸣，认识到这是对规则的尊重和对自然的敬畏。敬天爱人，强调的是遵纪守法的同时，尊重大自然。中央电视台曾播过一期与稻盛和夫的对话节目，在对话结尾时，主持人问稻盛和夫：中国人做企业，要想成功应该怎么做？稻盛和夫从大衣里拿出一个条幅，上面有四个字，"敬天爱人"。作为同台对话的嘉宾，福耀玻璃集团创始人曹德旺很认真地研究分析了敬天爱人对做企业的意义，并且认为所有人要想成功都必须遵守这个原则。曹德旺还把"敬天爱人，止于至善"作为福耀科技大学的校训。

遵循"创新共赢"的企业价值观，以小家和睦带动大家幸福的样板。

明净夫妇共同经营公司，彼此间的和谐与支持在企业决策和日常运营中发挥了重要作用，特别是在宏观决策层面，二人始终保持一致。明净和乾贞在公司中有着明确的分工，他们之间的关系始终保持友好，家庭与工作界限分明。乾贞的主要职责集中在创新领域，负责跨部门协作，解决部门间沟通不畅的问题。她将大部分精力投入于推动公司向前发展所需的创新项目，同时也积极参与企业文化建设和战略规划。在公司决策上，虽然明净作为董事长兼总经理，乾贞作为总监，但他们倾向于采取协商一致的方式。明净夫妇不会在公共场合与他人发生争执，而是互相讨论分析，优化处理问题，确保团队的和谐。他们尽管偶尔会出现分歧，但总是能够通过沟通达成共识，保证公司运作的和谐与高效。

遵循"自利利他"的企业价值观。公司在学习探索中逐步走向成熟，不断调整，实现"利他"与"利己"的平衡。明净夫妇深入研究了经营者应具备的核心素质。乾贞加入盛和塾后，曾现场聆听了稻盛和夫在报告会上关于"领导者资质"的讲解，那次经历给她留下了极其深刻的印象。她决定将稻盛和夫提及的领导者基本条件纳入企业——"利他哲学"中，作为管理层培养的一部分，谦君和所有管理人员都接受了这一系列领导力培训。现在，谦君和已将这些领导力的基本原则融入日常管理会议中，与管理层反复分享，要求他们内化于心，外化于行。

在员工管理方面，谦君和承诺提供基本的生活保障和成长空间，同时也要求员工通过自我提升来实现个人价值，与企业共同成长。为此，在谦君和设定的成功方程式中，从0分到100分，不同阶段都有不同的目标：0分代表基本合格，20分意味着员工需要接受培训以提升技能，50分是成为某一领域的专家，100分则代表着超越自我，积极参与公益，奉献爱心。无论处于哪个阶段，员工都应自觉地明确自己的目标和期望，低于0分则不符合公司团队的价值观。

在客户关系方面，公司坚持以提供合格产品为底线，同时超越期待，为客户提供额外的支持。比如在当地，谦君和安装的许多水表被街道上的花岗岩遮挡，影响了信号传输。尽管这并非谦君和安装所致，但谦君和仍主动提供服务，并且不收取任何费用。这种无私的行为赢得了客户的感动与尊重，谦君和视之为客户满意度的最高体现。谦君和进一步将这种服务延伸至客户面临的非产品相关问题，帮助他们解决边缘性需求，如阀门维护和温度测试，这体现了谦君和对客户全方位的服务满足的提升。最终，公司与客户建立了深层次的情感连接。这样的愿景得到了员工的热烈响应，明净夫妇称之为"自在原理"。在这样的环境中，员工工作舒心，财务自由，家庭和睦，同时也有机会参与公益活动，能够吸引并留住人才。

企业文化建设是一个长期且复杂的工程，涉及新老员工的融入、成长与关怀。对于新员工，谦君和需要设计有效的培训计划，让他们快速理解并融入企业文化；对于资深员工，特别是临近退休的员工，则制定相应的关怀政策，使他们感受到尊重和价值，实现平稳过渡。企业文化的建设需要广泛听取内外部意见，邀请专家、前辈贡献智慧，形成多元视角的融合。企业文化不应被视为与员工无关的概念，而是每名员工日常工作的体现。谦君和正在加快构建一套与企业发展相匹配的文化体系，涵盖职业规划、个人成长和团队协作等各个方面，致力于提升员工的福利和价值。

结束语

习近平总书记指出："中国式现代化是物质文明和精神文明相协调的现代化。物质富足、精神富有是社会主义现代化的根本要求。"[①] 谦君和将

---

① 习近平:《新时代新征程中国共产党的使命任务》,《求是》2024年第13期。

学习和探索的过程视为追求幸福的旅程，物质文明与精神文明的协调发展是企业文化的核心。明净夫妇聚焦于如何将幸福感融入企业的各个方面，展现追求幸福的具体路径。在企业中，学习稻盛哲学，追求的不仅是生产力的提升，更是精神层面的慰藉与充实。因此，幸福感成为一个重要的考量指标，它需要物质与精神的双重满足。金钱并非衡量幸福的唯一标准，员工对企业的归属感同样重要。即使在公司面临困境，如房地产行业蓬勃发展时，他们依然坚守制造业，尽管这可能意味着收入不及房地产行业，但对员工而言，企业如同家园，赋予了他们归属感和认同感。

任何管理理论都有其局限性，每个企业都有其独特之处，因此稻盛哲学也不能完全套用在企业的经营中。财富的获取应与个人的内在价值和能力相适应，应在不损害个人利益的前提下，促进共同富裕和共享精神。在更高层面上，回馈社会比个人享乐更为重要。企业不应仅仅被视为赚钱的工具，而应成为服务社会、回馈社会的平台。很多类似明净夫妇这样的浙江企业家在事业有成后，选择将财富用于公益事业，这不仅体现了他们对社会责任的认识和担当，也印证了企业回馈社会的重要性，以及由此带来的社会认可和价值。

谦君和确立了企业的正确方向，这个方向是企业发展的终极目标——为全体员工创造幸福，并对社会做出贡献。正确方向的确立必然增强企业持续发展的信念。谦君和引入的哲学共有、阿米巴经营和核算体系等具体方法，让企业在遇到挑战时也能保持自信，持续前行。许多企业家在面对内外困境时，若长时间无法突破，便会逐渐丧失信心，对未来发展不再抱有希望，企业也因此走向衰败。然而，当企业有了正确的方向，即便遭遇困难，也会坚持不懈，因为他们相信，通过运用有效策略，内部持续改进，终将克服困难，走向更光明的未来。

方向与方法

使命驱动世界　方法开辟道路

浙江瑞德森机械有限公司

当代中国企业的经营哲学创新
以浙江民营企业为案例

引言

  方向与方法是一对重要的哲学范畴。方向正确是取得成功的前提，方法正确是取得成功的关键。有方向无方法，即使做简单的事情也会错误百出；有方法无方向，即使再完美的方法也只能原地打转。方向与方法是有机统一的，正如稻盛和夫所言，人生目标不同，所需要思维方式也各不相同。如果目标是爬一座小山，轻装上阵就可以；如果目标是攀登高山，连垂直攀岩的技术都必须掌握。可见，不同的方向有不同的方法，方向正确就不会迷路，方法正确就会离目标越来越近。两者缺一不可，既需要正确的方向，也需要可行的方法。

  相对于方法来讲，方向具有更加重要的意义。方向决定道路，道路决定命运，确立正确的方向才能不断从胜利走向胜利。习近平总书记反复强调道路问题至关重要，他指出："走自己的路，是党的全部理论和实践立足点，更是党百年奋斗得出的历史结论。"[①]中国式现代化正是在坚持独立自主走自己的路的基础上探索出来的，"不论过去、现在和将来，我们都要把国家和民族发展放在自己力量的基点上，坚持民族自尊心和自信心，坚定不移走自己的路"[②]。无论是一个国家，抑或是一个企业，找到一条好的道路不容易，走好这条道路更不容易。要走好自己的路，必须结合自身实际探索科学方法。

  浙江瑞德森机械有限公司（以下简称瑞德森）是机械工业部定点生产

---

  ① 习近平：《在庆祝中国共产党成立100周年大会上的讲话》，《人民日报》2021年7月2日。

  ② 习近平：《在纪念毛泽东同志诞辰120周年座谈会上的讲话》，《人民日报》2013年12月27日。

齿轮减速电机的专业性公司，生产数千种规格的减速驱动装置，产品广泛应用于冶金、矿山、石化、烟草、陶瓷、橡塑、粮油食品、啤酒饮料、交通运输、物流设备、立体车库、环保等行业。公司原名"浙江红日机械有限公司"，"红日"的英文是"redsun"（音译为瑞德森）。公司改名瑞德森，既有音译上的双关，也有含义上的双关。"瑞"是吉祥、祥瑞之意，"德"是符合道的行为，"森"为繁多、茂盛之意。瑞德森既有红日升起的意思，意味着东方工业化现代化的崛起；也有道德盛行的意思，意味着以善为先、以德为本的经营理念。瑞德森始终坚持科学把握方向与方法的辩证关系，既坚定追求成为世界一流的传动设备制造商，又灵活采取实现目标的科学方法，立足自己的实际和特点学习稻盛哲学，在不断的学习实践中探索属于自己的道路与方法。

一、良善是指引前进的根本遵循

"善"的内涵丰富，它的基本含义是美好，特指人的言行、品德符合道德规范。求善不仅是哲学和伦理学中的重要概念，也是日常生活中不可或缺的指导原则。无论是一个人、一个企业，还是一个民族，善都是极其重要的美德与追求目标。稻盛和夫认为，如果动机是善意的，事情自然就会朝好的方向发展；如果动机是利己的，或者是邪恶的，那么不管多么努力，事情都无法顺利推进。[①]

陈瑞者，瑞德森的创始人，出生在温州平阳一个普通家庭。陈瑞者的父亲原是一名铁匠，具有典型的温州人性格，从事过包括生产鼓风机、卖饮食等很多行业。改革开放后，父亲凭借好的政策和自身努力，在事业上

---

① 稻盛和夫：《心：稻盛和夫的一生嘱托》，曹寓刚、曹岫云译，人民邮电出版社，2020年，第29页。

取得了一定成绩。陈瑞者从父亲身上学到了聪明勤奋、敢闯敢干、坚韧不拔等优良品质。父亲的正直虽然给自己带来很多麻烦,但是赢得了周围人的尊重,"父亲是我的榜样,他常说'赖歪肉吃不壮',教我要诚实勤奋,不要懒惰贪小便宜"。

凭借着父亲的悉心教导和自身努力,陈瑞者学习成绩一直名列前茅,1987年以全县第一名成绩考入中专,学习无线电通信专业,1989年毕业被分配到平阳县水头电视台工作。陈瑞者回忆,当时工作地点在蒲尖山,40天8个人轮班,1个人轮5天,工作非常悠闲,"我就在那里看了两年书,精神享受还是很丰富的,但感觉这辈子这样过下来没多大意义,就萌发了下海经商的念头"。陈瑞者将自己的想法告诉了一个要好的同学,得知浙江信和机器厂缺一个总经理助理,陈瑞者反复掂量后,觉得自己文笔还可以,也符合良善标准,就决定辞职下海了。

在陈瑞者离开体制内选择创业时,舅舅曾手写一封信语重心长地教导他如何为人处世。陈瑞者清楚地记得,信中有一句名言成为他的人生信条:"积善之家,必有余庆;积恶之家,必有余殃"。这句话出自《了凡四训》,意思是积累善行的家庭,一定会有多到自己享用不完还能留给子孙享用的福德;不积累善行的人家,则会有多到自己遭受不完还会留给子孙遭受的祸患。从看到舅舅的这句话开始,"善"就在陈瑞者心里扎根发芽,成为他做任何事情的标准。舅舅是家族长辈中学问最高的人,也是陈瑞者睁眼看世界的启蒙老师,对他学习、工作、创业都产生了很大影响。

二、确定了目标就要想方设法去实现

不同的事业需要不同的方法。稻盛和夫曾把人生比喻为登山,他认为最重要的是决定自己准备攀登什么样的山。因为根据所登山的不同,要准

方向与方法
使命驱动世界　方法开辟道路

备的东西也不同。如果是爬周边的一座小山，像去郊游那样的轻装就可以了。可是，要是想爬冬天的八甲田山，就必须预备好从防寒到宿营所需的一切装备。如果想攀登珠穆朗玛峰的话，连垂直攀岩的技术都必须掌握。也就是说，根据人生目标的不同，所需要思维方式也各不相同。①可见，目标不同、方向不同，所需要的方法也不尽相同，必须先确定目标，根据目标探索科学可行的方法。

　　1991年，陈瑞者辞职下海经商。下海第一站是在浙江信和机器厂当总经理助理，相比于电视台的清闲工作，助理工作明显要繁忙很多。陈瑞者认识到，既然已经下海经商，就必须改变之前在电视台工作的思维方式，不管忙碌与否，都是自己选择的，必须积极乐观地应对，以乐观的态度去探索新的工作方法。陈瑞者发挥自己的学习优势，花费半年时间把机器厂资料室的企业档案全部看了一遍，并凭借自己的好记性，将档案里企业的创办过程等重要信息都记住了。陈瑞者看档案资料就像看传记一样，看完档案自己也有了底气，决心也创办一个这样的企业，生产同样的产品。从这个时候起，陈瑞者就开始谨慎谋划如何实现从就业到创业的转变。他并没有贸然辞职去创业，而是决定离开文字材料到实践中去看一看，于是离开助理岗去做销售。

　　选择做销售，陈瑞者一方面是想多方面了解机器厂的情况，另一方面也是因为经济困难，想多赚点钱。厂里有两个高工资的岗位，一个是技术，另一个是销售。当助理拿的是固定工资，陈瑞者觉得要改变自己的命运就得多赚钱，所以就提出来转销售岗。不过销售岗工资虽高，却是零底薪，想做出成绩就要勤奋努力，多跑订单。只要想成功，就没有跨不过去的难关。陈瑞者从产品说明书开始钻研，对照产业链相关企业的产品

---

① 稻盛和夫：《京瓷哲学：人生与经营的原点》，周征文译，东方出版社，2016年，第12页。

需求，认真记录客户信息，形成了一本产品销售攻略。陈瑞者非常仔细认真，把每一个环节都计算好，把可能存在的问题都想到，这就是他所追求的"善"。

三、在理论和实践统一中探索科学方法

稻盛和夫多次明确指出实践重于知识，他认为不管是向别人学习学到的知识，还是从书上习得的知识，都没有亲身实践所获得的经验重要。①"知道"和"做到"是两回事，切忌把"知"与"会"混淆。如果一个人只具备理论知识，从未亲手制作过陶瓷产品，那么他就不可能研发出实用的陶瓷制品。所以说，任何科学方法都是理论与实践的统一，只有立足于具体的实践去学习，才能总结出一套适用于自己的科学方法。

中国共产党人非常重视科学把握理论与实践的关系。探索科学方法必须首先立足于实践。马克思主义认为，全部社会生活在本质上是实践的，而实践的主体是具有一定思想认识的人。一方面，人的正确思想从实践中来，实践决定认识，是认识的源泉和动力、目的和归宿，同时也是检验认识正确与否的唯一标准。另一方面，认识对实践具有反作用，正确的认识推动正确的实践，错误的认识导致错误的实践。这就是实践与认识的辩证关系，也是马克思主义哲学的一个基本原理。我们学习理论知识，不是为了学习而学习，而是为了解决实际问题。必须把理论与我们的工作实际相结合，理论认识才能发挥它应有的作用，这就是毛泽东所强调的"有的放矢"。实践出真知，离开了实践，理论就成了无源之水、无本之木；离开了实践，理论就成了自说自话的空洞说教。

---

① 稻盛和夫：《京瓷哲学：人生与经营的原点》，周征文译，东方出版社，2016年，第138—139页。

善于将理论与实践统一是陈瑞者不断克服困难、取得成功的重要法宝。陈瑞者凭借理论上对机器厂发展过程的认识以及实践中掌握的客户信息资料，创办了第一家企业——浙江中天制机厂。这实际上是一个没有实体的销售管理公司，陈瑞者就根据产品说明书去跑业务。平阳县鳌江镇是个减速机基地，有100多家企业在做同类产品，区别都不大，于是他就根据客户要求和性价比找人代工，然后贴上自己的品牌销售，成功开始了创业旅程。

1998年，陈瑞者创办了浙江中天机械有限公司，含义是如日中天的中国。到2001年，公司改名为浙江红日机械有限公司，后来又改为浙江瑞德森机械有限公司。可以看出，陈瑞者对中国的感情很深厚，对中国文化认同度很高。陈瑞者创办瑞德森主要有以下考量：首先，创业是陈瑞者一直以来的梦想。在陈瑞者小时候，父亲就跟别人合伙办厂，但由于那时候没有好的创业环境，父亲创业的心愿最后未能实现。陈瑞者创办瑞德森既是完成自己的梦想，也是完成父亲的梦想。其次，实现工业化现代化是近代以来中国人的志向，是民族发展的重要支撑。陈瑞者饱读诗书，继承传统文士之风，要用实业为国家发展做贡献。他创业时正值改革开放的好环境，对中国工业化和现代化的崛起充满信心。

陈瑞者刚创立瑞德森的时候，租了一处200平方米左右的小厂房，这里原来是个养鸡场，地方比较偏僻，租金比较低，两台车床一共投入12万元。当时生意挺好，可谓投入低收益高。2000年以后，国内传统的减速机开始逐渐向欧标减速机更新换代，当时换设备的成本比较高昂，并且以前的设备也还可以用，但陈瑞者站在市场发展的前景进行深刻考量，认为设备更新换代是必然趋势，基于自身的财力物力应该逐步替换掉老设备，尽快追赶时代浪潮提高产能走在前列。陈瑞者到很多大企业调研后感觉到以前的设备占地多、产能低，不符合快速发展的趋势，既然自己的性格是完美主义，喜欢追求良善的、优质的东西，就一定不能得过且过。

陈瑞者总结自己创业前期的关键词是"近悦远来，年轮经营"。在他看来，孔子的"近者悦，远者来"就是一种良善的状态，只有符合"善"的经营规律才能实现"近者悦，远者来"。年轮经营作为一种稳扎稳打的经营模式，是最符合良善状态的经营模式。在机器设备逐渐更新换代后，瑞德森的产能得到大幅度提升，在之后几年，正值减速机发展的红利期，瑞德森实现连年盈利翻倍的喜人成绩。2004年花费200万元买下一处5亩的土地，修建第二个新厂区，2006年建成投产；2006年花费1000多万元在苏港大道买下一处17亩的土地修建第三个新厂区，2009年建成投产；2010年花费2000万元买下一处40亩的土地，2013年建成投产。正是因为坚持年轮经营的发展理念，瑞德森在稳扎稳打中实现了持续快速发展，逐渐由当初只能生产几种产品的小企业发展为当前生产百余种产品的成熟企业。这些成绩充分说明了陈瑞者追求的年轮经营是良善的，也验证了"积善之家，必有余庆"的朴素道理。

随着公司的不断发展，陈瑞者进一步完善了自己的经营理念，将其概括为"长坡厚雪，坚定精进"，认为要把握好长远与当前的关系，既要制定公司发展的长远战略目标，又要明确切实可行的战略步骤。巴菲特曾说，人生就像滚雪球，最重要的是发现很厚的雪和很长的坡。"长坡"代表着目标或任务的长期性和挑战性，"厚雪"象征着积累与坚持，面对困难和挑战，往往需要不断地积累知识和经验，如同积雪一样，一层一层地累积起来。"长坡厚雪"意味着在面对长期且充满挑战的任务时，需要保持坚定的信念和持久的努力。这是一个不断积累、不断进步的过程，必须在面临困难和压力时保持冷静和坚定，勇往直前。

稻盛和夫在创立京瓷之初，就提出"京瓷要放眼全球，向着全世界的京瓷前进"的远大目标，他认为只有设定高目标的人，才能取得伟大的成功，只追求低目标的人，只能得到渺小的结果。如果自己设定了远大的目标，只要朝着这个目标全神贯注、全力以赴，就能走向成功。[①]只有胸怀大志，乐观开朗，描绘宏伟的蓝图，树立远大的目标，才能成就难以想象的伟大事业。对于瑞德森来讲，"长坡"就是公司的长远发展目标，"厚雪"就是阶段性的发展步骤，必须科学处理远与近的关系，将长远战略目标与短期战略任务相统一，为企业发展注入源源不断的动力。只有做到"长坡厚雪，坚定精进"，企业才能在面对各种挑战时保持优势，最终逐步实现企业发展目标。

四、解决企业哲学落地"最后一公里"问题

稻盛哲学为中国企业家提供了企业经营的有益方法，但是这并不意味着我们可以照搬照抄稻盛和夫的东西。必须认识到，哲学是科学之科学，它具有高度普遍性、抽象性，是对一类事物概念的高度概括和共性认识。要解决中国企业发展问题，必须实事求是，立足各自的实际情况，将稻盛哲学中揭示的普遍性真理与自身企业发展的特殊性问题相结合，在解决自身问题中创造符合自身实际的、具有自身特色的新的科学方法。

坚持学习是陈瑞者的优良品质，从《论语》《道德经》等传统文化经典，到《毛泽东传》《任正非传》等人物传记，再到《资本论》《国富论》等西方经济学作品，陈瑞者都有涉猎。2010年前后，陈瑞者读到《六项精进》《经营与会计》，当时就被这些书中的严密系统的逻辑和思想所吸引，

---

① 稻盛和夫：《京瓷哲学：人生与经营的原点》，周征文译，东方出版社，2016年，第393页。

也对稻盛和夫产生了浓厚的兴趣。他细致查阅了稻盛和夫的生平事迹与其他作品，每部作品都反复研读。他常跟别人说，自己是稻盛和夫的私塾弟子。2020年经朋友介绍，陈瑞者正式加入盛和塾。

要经营好企业，必须不断磨炼提高心性。稻盛和夫非常重视"心"的作用，"磨炼心性"是他的重要思想。他认为，"人生的意义即'提高心性'"。"提高心性""让心灵变得美好""纯化心灵""净化心灵""成就美丽之心"……虽然说法各有不同，但本质却殊途同归——努力提高心性是人生的目的所在，正是赋予人生意义的行为。[①]稻盛和夫这里说的"磨炼心性"，就是要通过社会实践、修身养性，找到真我，使心达到至善，触及"宇宙真理"。心之所善，九死不悔，遵守心中的"善"是经营的根本原则。但是必须认识到，这个"善"不是固定不变的，经营也不存在固定不变的方法，必须不断学习、敢于拼搏、勇于创新。陈瑞者在经营企业过程中时刻保持虚心学习的心态，他反对固执己见，认为一切都应以时间、地点和条件为转移，以此采取科学的经营方法。

把挫折和苦难看作磨炼自己的成长机会。事物是发展变化的，必须坚持以发展的眼光看问题。2015年和2016年正值瑞德森的发展上升期，但接连遭遇的两次水灾给公司以重创。2015年，洪水直接冲进麻步镇厂区厂房，生产设备遭受浸泡无法生产。2016年，虽然公司在汛期前做了很多准备，但是水灾严重，麻步镇厂区又一次被淹。当时正值公司盖新厂房，银行贷款负担繁重，流动资金短缺，面对突如其来的水灾，麻步镇厂区两度瘫痪，靠鳌江工厂拼命加班生产，公司才勉强维持下来。除了直接的经济损失外，瑞德森还错过了一个重要的发展窗口期。陈瑞者回忆，他当时特别痛苦，甚至是绝望，只能在书中寻找安慰。在读到稻盛和夫的人生起伏

---

① 稻盛和夫：《京瓷哲学：人生与经营的原点》，周征文译，东方出版社，2016年，第4页。

时，他产生了共鸣。稻盛和夫在书中说，要以决不放弃的意志让公司起死回生，陈瑞者读后备受鼓励。他从稻盛和夫的故事中得到了力量，不断反思琢磨自己前进的方向和解决问题的方法。

随着瑞德森不断发展成长，陈瑞者产生了本领恐慌。他知道凭借自己现有的知识体系是驾驭不了企业快速发展的，必须不断补充新的知识，提高自身的综合素养。在工作之余，陈瑞者坚持看书，积极向同行请教，参加过很多经营培训课程，比如更新销售、执行智慧、教导模式等。"这些课程看起来精彩，能提升自己的认知和管理能力，但是在实践中很难落地，不能解决企业实践中的特殊性问题。"陈瑞者认为，之前所学的很多课程缺少实践关怀，或者说理论与实践是断层的，如果中层执行力差，或基层不理解做事的目的和意义，就很难在实践中落地，因为缺乏一个强有力的理论体系去说服，也没有实际的成功案例可供参考借鉴。而稻盛和夫在这方面做得很细致，他了解东方人的经营习惯和心理需要，将很多变量及其关系在书中做了详细的分析，提供了一套科学方法，其中不乏现成答案，比如"经营的三个要诀"等。陈瑞者认为，与西方人的著作相比，稻盛和夫更了解东方文化与东方人的脾性，因此也更能解决企业哲学落地"最后一公里"的问题。

对于经营者，重要的是永续学习，并且要靠悟性。所谓悟性，就是稻盛和夫说的"心根"，是通过"倾听神灵的私语"触及"宇宙真理"的状态。稻盛和夫指出，通过磨炼心性，怀抱对未来的希望，以光明之心，坚信梦想必能实现。这种信念成为强大的精神食粮，让现有的能力大大提升，将不可能变成了可能。[①]陈瑞者认为，稻盛和夫教给他很多有用的方法，但这些方法不能死记硬背，要结合自己的情况，而如何结合，就要靠自己的

---

① 稻盛和夫：《心：稻盛和夫的一生嘱托》，曹寓刚、曹岫云译，人民邮电出版社，2020年，第79页。

悟性。陈瑞者在学习稻盛哲学后，反复琢磨、检验、消化、吸收，得出了属于自己的方法。他从一个普通销售人员到投资建设实体工厂，从一开始就用阿米巴思维把销售巴和生产巴区分开，解决了各利益方分配的博弈问题，也顺带解决了融资和团队建设问题，使得能以行业平均速度的倍速发展。其间陈瑞者也遇到很多发展瓶颈，这些问题正是中国企业的特殊性问题，因此只有将稻盛哲学中的科学方法结合企业自身实际，用理论指导实践，再从实践中得出新的方法，才能提升总结出适应中国国情的、适用于企业自身的科学理论。

五、从稻盛哲学与中华传统文化中提炼瑞德森哲学

稻盛哲学吸收了很多中华传统文化的内容。例如，它的实用性来自中华文化经世致用的追求，利他理念吸取了中华传统文化利国利民的思想，正道思想吸取了中华传统文化中庸之道的思想。倾听神灵的私语与赞天地之化育相通，员工心变公司巨变与由内而外相通，一切始于心与阳明心学相通。此外，稻盛和夫反复强调的谦虚、智慧、感恩、知足、利他、不弃、少欲等理念，都是儒家文化的重要内容。正是稻盛哲学与中华传统文化存在诸多相通之处，才让中国人在学习稻盛哲学时具有天然的亲切感，因为这就是几千年来中国人骨子里的文化基因。

陈瑞者在读稻盛哲学之初就认识到其中蕴含了很多儒家思想。陈瑞者在读书时喜欢将不同的书联系在一起看，在读稻盛哲学的时候就会去查书中观点的思想来源。他对比后发现，稻盛哲学的很多观点都能从中华传统文化中找到出处。稻盛哲学是现代资本主义的产物，但是它具有很多鲜明的前现代性特征，这也似乎揭示了前现代的文化宝藏中蕴含着丰富的解决现代性困境的答案和方法。

稻盛和夫也反复强调过中华传统文化对他的重要影响，他曾在《活法》自序中给出了答案——"（我所依靠的）无非就是东方圣贤们所倡导的正确的为人之道"。他常说："我的经营哲学都来自中国先人的智慧。"事实上，不论在《活法》中，还是在其他作品或公开演讲中，稻盛和夫经常引用《论语》等中华传统文化典籍中的名言。可以说，稻盛和夫把中华传统文化视为自己终生的精神食粮，还将王阳明等人视为心灵导师。

在解决企业难题、推动企业发展的过程中，陈瑞者逐渐认识到学习稻盛哲学要结合中国元素。"祸兮福所倚，福兮祸所伏"，事物往往都是辩证的、多面的。危机虽然是一个词，但它包含了两层意思，从表面上看是"危"，透过表象还可以看到"危中有机"。陈瑞者结合自己处理企业危机的亲身经历，对稻盛哲学有了更深刻的认识。要把危机看作成长的机会，把萧条当作再发展的飞跃台，这些思想包含了丰富的防患未然、未雨绸缪、转危为机等中国文化元素。萧条是成长的机会，企业在不景气的情况下，正好有时间来增强体质，为下一次飞跃积蓄力量。稻盛和夫提出了很多应对危机的策略，包含全员营销、全力开发新产品、彻底削减成本、保持高生产率、构建良好的人际关系等。陈瑞者充分汲取稻盛哲学的精髓，结合自身实际，形成具有瑞德森特色的"水库式经营"，旨在通过建立"水库"来调节和应对企业面临的各种变化。比如，瑞德森公司建立"设备水坝""库存水坝"，保有适量的产能剩余和产品库存，以应对突发事件。这些库存有两个方向的作用，对内作为生产线出问题时的缓冲，对外作为市场波动时的缓冲，以此维持企业稳定的经营与成长。从这个方面来看，稻盛和夫这些方法是东方文化和东方智慧的一种时代表现。

在长期学习和实践稻盛哲学的过程中，陈瑞者认识到，稻盛和夫与中国文化的深厚渊源，最直接的体现就是把中华优秀传统文化融入其为人处事、企业经营的方方面面，这正是稻盛哲学的精髓所在。稻盛和夫把自己在日本运用中国文化的实践成果，通过著书、演讲等方式分享给中国读者，期待改变中国读者对企业经营的保守思想，不仅可以把这些经验视为学习经营的原理原则，而且能够将其当作人生的指引。

瑞德森从稻盛哲学与中华传统文化中提炼形成瑞德森哲学。第一，打造企业文化，明确公司发展的基本方向。公司宗旨是"专业、品质、服务、共赢"；价值观是"敬天爱人"；时间观是"与时俱进，只争朝夕"；文化观是"学习，并持续学习；节俭，从点滴做起；改善，并持续改善"；处世哲学是"发上等愿，结中等缘，享下等福；择高处立，就平处坐，向宽处行。理想要高远，心态要平和，生活要节俭，做事留有余地"；愿景是"成为世界一流的传动设备制造商，为顾客创造价值"；使命是"产业报国，奉献社会"。第二，总结科学方法。一是明确"改善的基本精神"，包括：打破固有观念；给现场职员最好的安排是非常重要的；不要说明不好的理由，要思考好的办法；找出行的办法；不追求完美，哪怕60分也好，立即实施；错了应及时改正；从不花钱的改善开始立即着手；办法是想出来的；追求根本原因反复说五次为什么；十个人的智慧比一个人的高明，相信团队的力量；改善是无限的。二是提出"品质控制八箴言"，包括：产品的品质决定公司的未来；哪怕只有一个工人对品质漠不关心，也达不到好的品质；品质控制不是一个人的活动；仅靠一个精通的人是完不成品质控制的，只有全员都参与才能有效果；品质控制不是一个标杆性措施而是一个推进措施；品质控制是团队生活；品质控制的第一步是调查顾客需要什么；不接受不良品，不生产不良品，不发出不良品。此外，瑞德森还形成日志管理、心态管理、目标管理、时间管理等生产经营哲学，为实现公司更好更快发展提供科学方法指导。

在国家越发强盛、民族越发自信的当下，以稻盛哲学和中华优秀传统文化为镜鉴，必将有助于经营者更加积极地总结探索属于自己的方向与方法，并以此为基础修炼强大的自己，保持积极的精神状态，从而获得内心的宁静、充实与幸福，助力企业实现高质量发展。

六、稻盛哲学让员工有了更多共同语言

稻盛和夫认为，员工是经营者值得依靠的人。企业经营最初级的形态，就是经营者自己单枪匹马，或者与亲戚朋友一起创业，表现为家庭作坊或者个体商店，靠这种形式，不管个人多么勤奋，也很难有余力来拓展经营。企业发展到一定阶段，经营者就需要转换思维模式，正确看待自己与员工的关系。必须认识到，员工也是经营者。经营者所需要的是能与自己同心同德、同甘共苦的"伙伴"，是分担经营责任的"共同经营者"。

打造学习型、创新型企业，就必须培养共同的信仰和语言。没有共同信仰和语言，企业家和员工、员工与员工之间就无法有效沟通。陈瑞者平时是一个书不离身的人，看书对他来说意义重大。但是在很多次开工作会议、员工大会时，他发现自己讲到的很多要点大家出现记不住、不消化、理解错等现象，自己与员工在语言沟通上不同频。陈瑞者认识到这个问题不解决，企业就很难有凝聚力、向心力，更别谈创新力了。陈瑞者总结，越是高层次的哲学，在让员工学习理解时，越要采取谦虚的态度，老是讲豪言壮语，好像自己都理解了，但在员工看来，不过是留下了笑柄。于是，陈瑞者根据员工知识水平、分工、层级制定了一份全员学习实践方案，推行学习积分制，坚持内训与外训相结合、集训与自学相结合、理论与实践相结合，努力打造学习型企业。

共同语言是团队协作的真谛。当团队成员或合作伙伴使用相同的语言交流时，信息传递更加准确、高效，减少了产生误解和歧义的可能性。

这种顺畅的沟通有助于建立信任和共识，从而加强企业间的合作关系。如果想让员工积极工作，经营者带头干才是员工听得懂的语言。经营者往往希望员工努力工作，甚至无偿加班。但对普通员工来讲，他们认为没必要这么做，他们首先考虑的是自己的收入、温饱和幸福感，他们最希望看到公司为自己提供最实惠的东西。陈瑞者与他的团队深入员工一线，去了解他们的真实想法。在调研中，陈瑞者发现了很多问题，深刻感受到员工之所以会有怨言，是因为公司做得不够。不能经营者生病，就让员工吃药，"其实践行稻盛哲学就要从经营者自身的修为开始做，你自己真的做到了，慢慢地员工就愿意跟着做了"。于是，陈瑞者采取改善员工工作环境、增加休息时间、每天打八段锦健身、每周学习交流、定期开展活动等方式增进了员工友谊，加强了企业文化建设，增强了企业凝聚力、向心力和创造力。

　　共同语言可以有效改善企业关系。共同语言能够拉近团队成员之间的距离，使他们更容易产生共鸣和认同感。这种认同感有助于形成更加紧密的团队关系，增强团队的凝聚力和向心力。第一车间李主任老是嫌个别员工工作懒散、不听话，与员工之间关系搞得有点僵，在组织全员学习、互助实践等活动后，李主任认识到"做到利他才能对社会有用，如果只要求别人干活却不为他谋利益，是不能打动他的"。他收敛了脾气，主动到员工中去了解他们工作与生活中的需求，代表车间给公司提交高质量意见建议20余条，既发挥了自己的作用，也改善了与员工的关系，还为公司发展贡献了更大力量。李主任认为，稻盛哲学很实用，说的都是实在话，大家都能消化接受，"以前他们喊我李主任，现在都叫我李大哥，工作氛围变好了，自然没有烦恼带回家，夫妻关系也和睦了，家庭里的琐事也没有了"。陈瑞者认为，稻盛哲学很大程度上是一套处理人际关系的学问，很适合用来打造企业文化，"现在我们公司内部关系很好，文化氛围很浓，学了之后你会发现其实这个是真有用，只要你用真心，员工都能感受到"。

要善于把每一名员工变成经营者。陈瑞者认为，一个组织要有效运营，最重要的是，这个组织各部门的"长"必须由真正有实力的人来担任。所谓真正有实力的人，就是不仅具备胜任职务的能力，同时要人格高尚、值得信赖、受人尊敬，愿意为大家的利益发挥自己的才能。瑞德森实行中层干部推荐制和竞聘制，将有能力、有干劲的员工选任到领导岗位上，营造干事创业的氛围，激发员工的积极性、主体性，给有实力的人提供更多机会，并让他们能够充分施展才能。同时，瑞德森把经营者与员工之间的关系以及员工彼此之间的关系，看作互相合作的伙伴关系、志同道合的同志关系，鼓励员工为企业发展提意见建议，选取高质量建议进行赋分，纳入到员工积分中，用于员工考核、晋级、兑换奖励等，激发员工主人翁意识。

七、践行利他思想为行业发展做贡献

企业使命是指企业在社会经济发展中所应担当的角色和责任，是企业的根本性质和存在的理由，说明企业的经营领域、经营思想，为企业目标的确立与战略的制定提供依据。企业使命具有保持公司经营目的的一致性、配置公司资源供给基础、营造一致的公司气氛和环境、明确发展方向、协调内外部各样矛盾、承担公司社会责任等作用。

没有梦想就永远不会成功。陈瑞者对稻盛和夫的使命定位深有感触，认为明确的使命目标是企业不断发展的前提，企业必须追求敬天爱人，保持对自然律的敬畏、对内心道德律的敬畏，在追求全体员工物质和精神两方面幸福的同时，为人类社会的进步发展做出贡献。他立足瑞德森实际情况，充分吸收稻盛哲学，明确自己的经营理念是"驱动世界，科技向善"，并形成具有自己特色的公司使命:"在追求全体员工物质与精神两方面幸福的同时,创造顾客价值与信赖,践行利他的商业文明,为行业的进步发展做出贡献。"陈瑞者从创立公司之初就一直思考使命问题,曾产生过多个版本,但是内容都比较长,在学习了稻盛哲学和京瓷的使命后,对"在追求全体员工物质与精神两方面幸福的同时,为人类社会的进步发展做出贡献"产生了高度认同,于是以此为指导,对以前的使命删繁就简,用简短的话表达了更丰富的内涵。

  自利、利他、利社会是高度一致的。稻盛和夫认为,怀有利他之心,便能做到明察秋毫,对于那些可疑的投资项目,能够看透其背后的陷阱。利他之心具备洞察一切的功效,仅凭这点,也能体现出利他之心的重要性。[①]必须认识到,社会利益离不开个人利益,个人利益也离不开社会利益,社会利益是个人利益得以实现的前提和基础。对个人或企业来讲,只有坚持个人利益与社会利益在根本上是一致的,将自利与利他、利群相统一,才能实现双赢。事物都是相互联系的,世界上不存在纯粹利己的事物,一个人做任何一件事就一定会对社会有所影响,个人的行为和决策应该既有利于个人也有利于社会,实现个人利益和社会利益的和谐统一。陈瑞者正是认识到这一点,才努力营造自利利他的企业文化,努力倡导践行良善的美德,积极追求为行业进步、社会发展做贡献。

  学习稻盛哲学要把握其背后的理论和实践逻辑。稻盛和夫不属于聪明人,初中、高中、大学时期考试常常不及格。他原本想当个医生,可是却只能在一个陶瓷厂找到一份工作。可见,稻盛和夫并不是什么天才。但从他一生的履历来看,他是一个非常注重稳扎稳打、善于从实践中学习的

[①] 稻盛和夫:《京瓷哲学:人生与经营的原点》,周征文译,东方出版社,2016年,第170页。

人，可以说，他的智慧全都来自丰富的社会实践，这也是他的哲学博大精深的原因。不了解稻盛和夫创业的具体时代背景，不了解他一生丰富而曲折的人生阅历，就读不懂他的思想，也就不能明白他说了什么、为什么这样说、揭示了什么样的共性问题以及如何解决。陈瑞者善于通过阅读同时代其他成功企业家的经历去了解时代背景，了解日本文化，了解稻盛和夫的人生历程，在科学把握稻盛哲学的理论与实践逻辑的基础上，去领悟稻盛和夫的奋斗方向与处世方法，然后学以致用，指导瑞德森向着正确的方向前进。

结束语

学习稻盛哲学不能只学"术"而不学"道"，最根本的是要通过学习和应用把自己的事情做好。稻盛和夫之所以能成功，就是因为他做好了自己。对于中国人来讲，学稻盛和夫不是为了成为稻盛和夫，而是为了提升自己，哪怕对他再崇拜，最终目的也是做好自己。所以从根本上说，学好稻盛哲学是为了成就更好的自己。习近平总书记反复强调"自力更生是中华民族自立于世界民族之林的奋斗基点"，"必须增强忧患意识，坚持底线思维，坚定斗争意志，增强斗争本领，以正确的战略策略应变局、育新机、开新局，依靠顽强斗争打开事业发展新天地，最根本的是要把我们自己的事情做好"[①]。一个企业、一个民族要想走在前列，就不能只踩着别人的脚步前进，跟在别人身后、一味学习别人永远走不出自己的路。只有走出自己的路，才不会在关键领域被人"卡脖子"，才不会受制于人，才能把发展进步的命运牢牢掌握在自己手中。必须认识到，任

---

① 习近平：《高举中国特色社会主义伟大旗帜　奋力谱写全面建设社会主义现代化国家崭新篇章——在中国共产党第二十次全国代表大会上的报告》，《人民日报》2022年7月28日。

何哲学都不提供固定的方法，只有自己消化和掌握了的方法才是科学的、可行的。稻盛哲学中的方法是丰富的、综合的，但并不是搬过来就能用的，必须立足自己的实际和特点，在不断的学习实践中创造属于自己的方法，走出自己的道路。

可能性与现实性

用科学方法突破技术壁垒　用稻盛哲学凝聚员工士气

浙江新锐焊接科技股份有限公司

引言

可能性与现实性是反映事物或现象出现之前的发展趋势与出现之后的既成现实之间的相互联系的一对哲学范畴。可能性是客观事物内部包含着的这种或那种发展的趋势。现实性是可能性的实现，是相互联系的变化发展着的各种客观实在的事物和现象的总和。可能性与现实性是对立统一的关系，可能性是潜在的、尚未开展的现实性，现实性是充分展开并已实现了的可能性。事物的发展总是可能性和现实性相互转化的过程，而要实现这种转化，就需要充分发挥人的自觉的能动性。

浙江新锐焊接科技股份有限公司（以下简称新锐焊接）的创始人王水庆就是这样一位通过把个人自觉的能动性发挥到极致，从而把可能性变为现实性的典型代表。他并非焊接专业科班出身，却带领新锐焊接披荆斩棘，成为行业的领头羊；他致力于焊接领域国产化替代，主动肩负国家和民族科技自立自强的责任，以舍我其谁的担当精神取得了一个又一个突破，在不断修炼心性的同时，创造性提出新锐哲学，明确了企业未来发展的愿景，带领全体员工走向物质和精神双幸福之路。

焊接，被誉为"工业裁缝"，能够修复破损的工业设备，制造出安全可靠的产品，尤其是在汽车、医疗和航空航天等特殊领域。然而，我国在该领域一度落后其他国家，甚至形成"卡脖子"威胁。2022年2月，随着俄乌冲突的爆发，欧洲陷入了能源紧张的局面。德国一家生产钎焊用钎剂的企业大幅减产，这一事件意外引发了中国汽车产业的全国性供应危机。一时之间，行业上下，人心惶惶。然而，不到一年，来自浙江的新锐焊接便做出了相似度高达98%的替代产品，极大地缓解了"卡脖子"问题。

可能性与现实性
用科学方法突破技术壁垒　用稻盛哲学凝聚员工士气

新锐焊接是一家集钎焊自动化设备、钎料、钎剂全产业链于一体的国家高新技术企业。最初厂址位于浙江省嵊州市三界镇工业集聚区，注册资金3010万元。在王水庆的带领下，新锐焊接从三界镇起步，专注焊接20余年，在不断的创新创造中突破技术壁垒，在持续的学习思考中提振员工士气，目前公司已有四大生产基地——钎焊设备生产基地、钎剂生产基地、钎焊材料生产基地、铝钎剂新工厂，占地面积7.46万平方米，已经在铝钎焊领域成为国内领先、国际先进的知名企业，市场份额占到全国的37.5%。新锐焊接拥有国家级博士后工作站和省级企业技术研发中心，承担了浙江省尖兵领域的攻关项目，是国家、行业标准起草单位，是国内钎焊领域首批进入证券市场新三板的公众公司，是专精特新国家"小巨人"企业和省隐形冠军，凭借国际顶尖铝钎焊技术专家及团队，正昂首阔步迈向世界铝钎焊领域舞台中央。新锐焊接之所以能够取得今天的骄人成绩，当然有时代馈赠的发展机遇的因素，更重要的则是王水庆独到而敏锐的眼光、执着的信念和家国情怀，把可能性变成了现实性。

一、敏锐的危机意识：在化危为机中实现转型升级

新锐焊接是在企业经营遇到危机时成立的，是企业化危为机的典型。王水庆哥哥的专业背景是焊接，大学毕业后进入一家国有企业，后来转到一家乡镇企业，在那里积累了丰富的焊接技术经验。20世纪八九十年代，进口的焊接设备价格相当昂贵，而自主研发的国产设备比进口的低得多，这使得很多工厂愿意采用国产设备作为进口设备的替代品。随着技术不断提升，这家乡镇企业的设备在行业内逐渐赢得了声誉，也开始受到国内外同行的关注，一些公司开始找到王水庆的哥哥寻求合作。于是王水庆的哥哥辞去工作，自己创办了一家企业，并全身心投入运营。但在创业初

期，企业面临资金不足、技术不成熟等问题，即使设备售价仅为进口设备的三分之一左右，客户也要求与进口设备达到同样的性能。在实际使用中，设备也出现了各种问题，导致客户只愿意支付定金，而不愿意付全额货款，一旦产品质量不满意，就会导致货款无法收回。全家人都担心企业破产而受到牵连，于是决定让王水庆单独出来负责焊接领域一个部件的生产和销售。从那时起，王水庆便和哥哥的业务分开了，各自独立发展。

王水庆起步很顺利，经过五六年的努力，在焊接领域取得了骄人的成绩，吸引了专业人才加入其中。随着员工数量的增加，王水庆开始感觉到管理上力不从心，也认识到公司在管理理念、制度和方法方面的缺失。于是他从2008年开始用了5年时间学习企业管理，内容涵盖了从生产管理、销售管理，到财务管理、技术管理、人力资源管理等各方面。他通过参加各类培训班，到国外学习考察，学习了一系列西方企业管理理论，也总结出了独特的企业经营管理心得。王水庆自认为学到了真经，特别是在西方管理理论和绩效考核体系的加持下，公司的业绩必然会稳步上升。但现实却恰恰相反，公司业绩不仅没有上升，反而员工人心惶惶、积极性下降。2012年王水庆新成立了三家公司，但不到两年其中两家关停，亏损800多万元，还有一家也处在关停的边缘。此时，王水庆的心情降到了冰点，因为他遇到了企业发展的低谷和最大的危机。

是固守经营管理理论中的模式，还是抓住企业经营的精髓，在转型升级中突出重围，这是王水庆一段时间夜不能寐、反复思考的问题。他后来说："不能拘泥于企业经营的形式，更为重要的是掌握企业经营的精髓。"那么什么是企业经营的精髓呢？这只有在实践中摸索取得。面对新一轮发展危机，王水庆只有直面，不能逃避。2013年，他报名参加了一个年度经济论坛，其中有一家企业的董事长向他分享了公司践行稻盛哲学的情况及变化，特别向他介绍了稻盛和夫的人生成功方程式。王水庆听后醍醐灌顶，"浑身就像触了电一样，热情高涨，找到了学习的方向"。他意识到学了很多管理知识，但企业依然没有经营好的原因，在于自己以前学的只是企业管理的外表或形式，而没有掌握企业经营的灵魂。为此，2013年11月，王水庆开始在公司层面全面学习稻盛哲学。公司各部门每天都要早读稻盛哲学，每周一次轮流组织全员晚上学习稻盛哲学并进行分享。公司85%以上的人员参加六项精进课程，学习阿米巴核算表，并按照要求每天核算，每月开经营分析会。经过三年的学习与践行，王水庆感到身心都得到了提升。

质量问题一直是王水庆经营焊接的最大心结，他知道必须时刻保有危机意识，才能在市场上立住脚。特别是在致力于全产业链发展阶段，只有在设备、材料和工艺三方面良好配合，才能全过程地解决客户的焊接需求，这对企业提出了更高的要求，任何一个环节出现问题，都可能会给整个企业带来巨大危机。为此，新锐焊接的目标是达到CPK指数（过程能力指数）1.33以上，这意味着焊接质量的合格率要达到99.97%以上。要实现这个目标，设备、材料和工艺这三方面的协同合作是关键，这也正是新锐焊接开足马力奋斗的方向。为了适应未来市场的需求，新锐焊接将再增加研发人员至50人，同南京航空航天大学、上海交通大学、天津大学等开展合作，通过创新实现转型，在转型中化危为机。

在数字化管理中提高心性、扩大经营，是王水庆学习稻盛哲学之后总结出来的经营之道。每个人都应该发挥主动性，创造自己的生活。在企业里，10个人中有9个人完成了任务，未完成任务的人则会拖累整个部门。为了改变这种情况，员工们会想尽办法去完成任务。如果能在短时间内完成的任务，为什么有些人需要更长时间呢？这就涉及量化管理的问题，需要对任务完成情况进行清晰的记录和分析。从这个角度来看，数字化管理非常重要。这与阿米巴核算方法类似，即用员工的收入减去费用，再除以时间，从而得出员工每小时创造的价值。这种方法引入了时间维度，可以评估员工在工作时间内的实际贡献。在时间维度上，这种方法强调的是员工的有效工作时间。例如，虽然某些员工可能工作12个小时，但其中的有效工作时间可能只有4个小时。在看到2024年上半年利润率大幅增长后，王水庆鼓励团队成员放手去干，并向团队提出了选择："是追求双赢，还是仅仅混日子。"王水庆下一步还计划进行股权改革和股权激励，随着这些措施的实施，员工的积极性必将进一步提高。

二、持续的实践探索：在开拓创新中解决瓶颈问题

近年来，虽然焊接技术取得了显著的进展，但许多高端工业材料仍然依赖进口，成为制约行业发展的瓶颈之一。为了打破这一局面，实现关键产品的国产化，摆脱"卡脖子"困境，王水庆始终坚持自主研发与技术创新，致力于寻找和开发适合市场需要的焊接材料。经过多年努力，新锐焊接在该领域取得了重大突破，并在2023年获批了浙江省重大科技攻关项目。

一是专注于助焊剂的研发。王水庆说："如果我们不能成功开发出高质量的铝钎剂，公司将面临生存危机；但如果做得好，我们将在市场竞争中占据优势。"新锐焊接既专注于钎焊材料的研发与制造，还时刻关注客户的实际需求。随着电动汽车产业的迅猛发展，客户不仅关心材料能否满足应用场景的技术要求，更注重其性能是否符合实际工况。尤其是在汽车领域，焊接的核心材料是铝合金和铝钎剂，然而铝钎剂的选择与匹配复杂多变，需要根据不同的铝合金类型和应用场景进行定制设计。钎剂的性能

受多种因素影响，如焊接温度的准确控制和工艺参数的优化，进一步增加了技术挑战。在原材料方面，因为福建地区丰富的萤石矿资源，基于此，新锐焊接在福建氟新化工园区建立了现代化工厂，专注于铝钎剂技术的研发与生产。

截至目前，新锐焊接已获得铝钎剂相关的8项国家发明专利，"一种铜铝异种金属用氟化物钎剂及其制备方法""一种可钎焊铝钢及铝铜的含铯铷的钎剂""一种适用于铝钢钎焊的钎剂""一种不含卤素的免酸洗助熔剂及其制作方法""一种低挥发性环保免酸洗助焊剂溶液及其制备方法和应用""一种水性环保钎剂用无机粘结体系及其应用""低钎剂残留的高性能复合钎焊材料""一种铝及铝合金钎焊用的钎剂及其制备方法"等，逐步形成了一个铝钎剂的专利群，巩固了在该领域的先进技术地位。

公司2023年的研发投入占销售额的11.4%，2024年计划投入1500万元用于研发，占比达12%左右。王水庆认识到，随着市场竞争的加剧，未来的研发投入将更加重要。

二是专注于钎焊技术。全球主流的焊接技术分为熔焊和钎焊。不同于熔焊需要将焊缝处的材料熔化后重新结合，钎焊可以在不熔化母材的情况下，利用低于焊件熔点的钎料，通过加热使钎料熔化并填充母材间的间隙，从而实现焊接。例如，在空调冷却系统的钎焊过程中，不到20秒的时间里，一个包含几十个焊点的工件在生产线上完成焊接，并自动进入下一个工序。钎焊不仅焊接效率高，而且对于较薄的材料来说，相比熔焊更具优势。即使熔焊花费数倍于钎焊的时间，也无法保证焊接的气密性。在创业初期，王水庆主要做铜、铁和不锈钢的焊接。后来，他将重点放在了铝和铝钎焊材料上。钎焊技术有很多种，包括激光焊、炉中焊、感应焊和火焰焊等。目前，新锐焊接在设备方面主要掌握了两种技术：一种是火焰焊，这是新锐焊接最擅长的领域；另一种是电磁感应焊，类似于微波炉中的微波感应原理。除了这两种技术以外，新锐焊接还能够生产出多种钎焊材料。通过不断的技术创新和应用，新锐焊接不仅提高了生产效率，还确保了焊接的质量，从而在全球焊接行业中占据了领先地位。

三是专注于钎焊设备。在拥有了高水平的钎焊技术之后，高质量的钎焊设备成为王水庆心中的又一个重要目标。当时世界上最好的钎焊设备主要来自两家公司，其中一家是日本大进工业研究所。当时大进工业研究所计划在中国合资建厂，但会在广泛调研后才做决定。这一调研过程持续了两年，2011年，日本大进工业研究所在对中国企业进行调研分析后，决定和新锐焊接成立合资企业，并由新锐焊接控股。这既是新锐焊接进军全球钎焊自动化设备的新机遇，也是对新锐焊接的认可。通过结合大进工业的日系背景，新锐焊接成功引进了先进的钎焊自动化设备，提升了技术水平和市场竞争力，并开始向日系汽车领域供应钎焊材料。然而，事情并没有想象中那么简单，新锐焊接最初向日本汽车客户提供的材料并未达到要求，但王水庆没有退缩，而是动员公司的科研人员与日本专家并肩作战、共同研发，功夫不负有心人，最终成功开发出了满足日系汽车使用的钎焊材料。

在焊接领域，有些看似简单的技术问题，往往花费了很多时间和精力，却难以攻克。这并不是因为缺乏能力，而是因为在技术实现的过程中遇到了层层障碍。为了突破这些难关，王水庆采取了多种措施，其中之一就是引进了一位来自德国的技术总监。此人是全球顶尖的铝钎剂专家，早在2013年前后，他就对新锐焊接的技术能力表示怀疑，但随着时间的推移，他看到了公司的进步和发展潜力。2018年，这位德国专家退休，王水庆便邀请他加入新锐焊接，他的加入使新锐焊接在铝钎焊领域取得了关键性进展，奠定了公司在行业中的领导地位。

在导入阿米巴模式的过程中遇到最为棘手的问题就是，阿米巴核算表的数据不准确，实绩没有达到预定的目标，员工流露出不满的情绪，甚至有人提出这样的疑问：花了这么多时间、这么大的精力来做阿米巴，结果一点儿效果也没有，是不是阿米巴不适合新锐焊接？随后有段时间，公司中层干部都将年度计划抛诸脑后。但王水庆并不放弃，他坚持认为，出现这种情况不是稻盛哲学有问题，也不是阿米巴有问题，而是没有真正掌握，还需要继续深入学习。为此，阿米巴经营分析会继续坚持开下去，在学习实践中，通过单单核算和阿米巴统算最终实现了既定目标。

新锐焊接是日立公司总部在中国的独家供应商。按常规，杭州的日立公司作为日立的配套厂商，理应使用新锐焊接的产品。尽管日立公司总部已经指定了新锐焊接的产品，并且将其列入了采购目录，但新锐焊接尝试了一年半都无法打入这家配套厂商。自从实施阿米巴模式后，公司的业务经理连续跑了七趟，终于搞清楚了情况。其实原因很简单，配套厂商的月需求量相比总部少得多，但公司没有注意到这种差异，导致内部消耗等问题被忽视。这说明了制度创新的重要性，即在制度层面进行创新，以确保所有环节都得到妥善处理。这正是王水庆通过核算表推动自主创新、制度创新和机制创新的动力。

三、强烈的使命担当：在科技自立中聚焦国产化替代

古人云："性痴则其志凝，故书痴者文必工，艺痴者技必良。"因此，人生必有痴，而后有成。王水庆就是这样一位对焊接技术痴迷者。他痴迷于焊接的核心技术，并不断努力突破技术瓶颈，而这些都来自他强烈的使命担当。我国古代就在焊接领域取得了骄人的成就，特别是在青铜时代就已经达到了全球顶尖水平，但近代以来落后了，在铝铝焊接技术方面，许

多先进的合金材料依赖于美国和日本的技术。在焊接过程中使用的材料，比如焊丝，通常是铝铝合金或其他特殊合成的材料。2013年，新锐焊接研发的铝钎焊丝项目被列入"国家科技型中小企业技术创新基金项目"，研发的高活性铜-铝钎焊材料项目被科技部批准为"科技人员服务企业行动项目"，公司被评为绍兴市高新技术企业。

新锐焊接作为国家级专精特新"小巨人"企业，致力于解决技术领域的痛点难点问题责无旁贷、义不容辞。新锐焊接的空调铜焊接技术现在已经非常成熟，在全球范围内处于领先地位。在国内还没有厂家销售使用铝管制造的家用空调时，王水庆就已敏锐地看到了新的发展机会——铝的应用将会越来越广。如，目前空调使用的散热器，无论是室外机还是室内机都是铜制的，非常笨重。在常见金属中铝的导热系数和导电系数仅次于铜。铝轻，密度只有铜的1/3，价格只有铜的1/4。美国市场已经有61%的空调使用了铝管，而中国市场上的空调仍然全部使用铜管。之所以没有使用铝管，原因竟然是2007年黑心管事件，由于当时出现了质量问题，导致市场信任度下降，此后中国各大品牌都不敢率先推出铝管空调。

随着"中国制造2025"发展纲领的提出，要求推动制造业向智能制造、绿色制造转型升级，轻量化已经成为制造业转型升级的重要途径，并已上升到国家战略层面。在绿色低碳转型的全球共识下，铝钎焊材料因其降低材料、能源的消耗，被认为是未来焊接技术重要发展方向。

中国的铜资源相对紧缺，而铝资源丰富，选择铝作为原材料关系到中国的资源安全。非必要的部位使用铝材成为必然趋势，这意味着在某些应用中必须解决铝和铜的结合问题。铝铜钎剂是解决这一问题的最优解，应用场景的明确反过来激励了铝铜钎剂的研发。最终，王水庆团队成功研发的铝铜钎剂获得了发明专利，并荣获浙江省科技进步三等奖。新锐焊接的钎焊材料达到了与国际同行相当的水平，并在2013年被认定为科技部创新基金重点项目。同年，新锐焊接的产品替代了一半的进口产品。

随着新时代绿色发展理念深入人心，焊接技术也面临更高的要求。比如，传统燃油车的空调即使出现故障也不会影响车辆的安全性，但电动车的热管理系统一旦失灵，就会带来严重的安全隐患。电动车空调故障可能导致电池过热甚至起火，其中一部分原因在于热管理系统的设计不够完善。在电动车中，为了增加续航里程，需要安装尽可能多的电池，而每一块电池都需要有效的冷却系统。这样一来，冷却管道占据了更多的空间，使得冷却板的通道必须做得更细。散热系统是电池热管理的关键部件之一，在焊接过程中，需要将部件放入特定的设备中进行加热和焊接。如果焊接过程中有残留物，会导致管道堵塞甚至短路。因此，焊接材料必须做到无残留或几乎无残留。这意味着新锐焊接需要进行大量的研究工作来提高焊接质量。

王水庆在真正进入汽车领域后才发现，全球汽车管路件的钎焊材料主要分为日系和欧美系两大方向。国产汽车管路件的焊接材料主要引入的是欧美系，而这一领域的产业链和生态链相对封闭。2018年，随着新能源汽车的发展和普及，原有的产业链生态逐渐被打破。这对新锐焊接来说既是挑战也是机遇，意味着越来越多的市场需求需要全球性的系统解决方案。2018年，新锐焊接决定全面攻克汽车钎焊材料领域。伴随着新能源汽车的迅猛发展，在新锐科研团队的努力下，新锐的欧美系汽车用焊接材料迅速达到了与国际顶尖同行相当的水平，并成为比亚迪等众多国产新能源汽车的一级供应商。

王水庆强烈的使命意识体现在目标实现的全过程。一般来说专注于核心业务而非通过土地增值来获取收益的企业，能够达到10％以上的利润率非常难。新锐焊接2021年利润率为3.17％，2022年利润率为2.77％，2023年利润率为6.06%。虽然连续三年的利润率都在10%以下，但王水庆有信心把2024年利润率计划提升为10%，并且从今年前5个月11%的利润率来看，实现这一目标的可能性很大。王水庆称之为合格，他说："如果我能实现这一目标，那我就算是合格的。"这种自加压力的能量来自对利他思想和阿米巴经营模式的灵活运用。这种强烈的目标意识带动的行为，已经不仅仅是在经营事业，而是在践行使命了。这种强烈的愿力，让我们看到了新锐焊接巨大的潜能和爆发力。

四、精准的自我认知：在产品定价中感悟阿米巴精髓

王水庆始终坚持对经营之道的探索和学习。德国的艾森焊接展是全球公认最高水准的展会，每四年举办一次。2005年，王水庆参加了这一展会，正是这次经历让他意识到世界的广阔，并且发现了一种"新"产品——铜铝焊接材料。当时国内市场并没有对这种材料表现出足够的兴趣，但王水庆坚信这种材料有着巨大的潜力。2007年，王水庆结识了南京航空航天大学的薛教授，并就此决定共同研发这种材料。2008年，新锐焊接与南京航空航天大学正式合作，开始了铜铝焊接材料的研发。

在公司成立3年后，王水庆明白自己的技术不如其兄长，业务不如其姐夫，因此开始思考如何才能办好自己的企业并实现弯道超车、逆势而上的突破。他认识到必须通过学习来提高心性、拓展经营。在学习中，王水庆找到了真我，认识到定价即定生死，于是在现实中不断改善核算。

2021年下半年，大宗商品价格上涨，导致新锐焊接2021年度经营利润几乎为零。王水庆借此机会提出单单核算，每一单交易都要核算价格，充分理解定价即经营，随后在2022年扭亏为盈。2023年随着市场竞争加剧，

可能性与现实性

用科学方法突破技术壁垒　用稻盛哲学凝聚员工士气

单单核算价格就算利润为零也还是没有竞争力，为此王水庆又提出对量大且有战略意义的客户采用阿米巴统算，精准核算出最低价作为底线，在市场竞争中胜出。通过一次次的尝试，坚持不断的学习，一次次的改善，王水庆终于明白如何应用阿米巴核算表的数据来作为行动的方向，也知道公司要在哪些方面下功夫来提升。在制订2024年年度计划时，王水庆再次提出了与往年相同的方针（销售额增长1.5倍，经营水准系数达到1.9以上）。在制作月度计划时，在原来的基础上进行了改善，除了把年度经营计划分解到12个月形成月度目标外，再增加一项月度预定，月度预定值一定要高于年度分解的月度目标值，并且做好未来3个月的月度预定行动计划。每月目标、预定与实绩数据由专人每天在群里发布，哪个部门、哪个预定没有完成一目了然。2024年前2个月都取得了满意的效果，销售额完成率达110%，经营水准系数达到1.91，超过年度预定目标。王水庆更加坚信，只要心力使然、减少负能量，通过不断的学习、改善、融合，就一定能成功。

阿米巴模式相当于为整个公司内部装上了许多细化的单位，让各个部门都能够看到具体的数据，从而在更细分的工作过程中看到效果，使得信息传递更加高效。整个公司就像是一个协同作战的团队，各个部门紧密配合。后台员工密切关注前线销售人员，提醒他们应该去推销产品；在核算表数据的督促下，销售部全员在一定要完成月度预定目标的强烈愿望下，最终完成既定目标甚至超额完成目标。

经营企业是需要技巧的，尤其是当市场需求发生变化时，管理水平的高低会直接对产品造成重大影响。通过优化管理，可以降低成本，进而提高利润。有效的管理方法可以帮助企业在市场竞争中保持优势。比如，2024年春节后，新锐焊接即制订了年度计划，开始实施新的管理策略，效果非常明显。4月销售额完成了110%，5月销售额完成了105%，6月目标完成率达到100%，距离1.2亿元的年度销售额目标已经越来越近了。王水庆在总结成绩取得的经验时说："问题并不在于能力不足，而在于心态。"各片区和业务板块负责人的经验分享也充分证明了这一点。

负责广东区的吕经理说，以前的样品需求单，自己跟着跟着就跟丢了，也不重视，现在有核算表的数据每日呈现，销售部全员每天都会知道当天的目标达成了没有，就会更加努力地去跟样品单，增加出差时间去现场与客户交流、沟通。现在有销售目标和预定的每日提醒，身边同事都很努力，自己也不能落后。自己不完成的话，对部门也是负担；完成了，给身边的人也带来了帮助！核算表的数据让自己从被动变成了主动，自己内心对于样品转订单的决心很大，所以样品需求转化为订单也越来越多了，销售额也增加了。

电商科竺科长说，原来客户在网上下单了一个商品，他不会主动去介绍新锐焊接的配套产品，客户往往只买一次或只看不买。现在有客户来买发生器，他就主动问客户，配套的系列产品是在哪里买的，同时主动推荐新锐焊接的系列产品，后续客户又陆续买了新锐焊接其他产品。主动销售，主动推荐，促进销售！对材料类商品也一样，他也会主动推荐试焊样品，用得满意的话，客户就会买，服务和态度也会获得客户认可。

负责浙江区的杨经理分享，他有一个材料客户，试焊了两次寄送的样品后，说还是没有通过材料验证。如果是以前，他最多再多送几次样品，可能这个客户就丢掉了。现在他请技术人员与他一起马上带着样品去现场，及时解决现场发现的问题，还与客户一起交流讨论，经过两次的现场交流，客户通过了对新锐材料产品的验证，对服务也非常满意。这都是在阿米巴经营核算表的数据推进下，员工思维方式发生了变化，行动也发生了变化。

负责进出口的马经理分享，有一个客户订单要求用OEM①的形式，如果以前碰到这样的客户，她会因为很麻烦而不接单，但现在只要能做、能有利润，就会想办法接下来。在阿米巴经营核算表数据的推进下，她满足客户的需求，帮助客户解决问题，也提升了销售额。

负责客服的李科长分享，现在他每天关注下单情况比较多，关注每个人还有多少货要发，哪些没发，到月底还剩多少，每天一早就会把当月的累计目标和预定数据发群里督促对应的业务经理。他以前觉得这样做太麻烦，还浪费时间，现在看到了效果，心里很高兴。

正如王水庆所说："销售额的增加与能力无关，是思维方式与热情提高了，大家拓展了经营，也提高了心性。"

五、执着的利他信念：在清晰愿景中实现全员幸福

一个企业经营效果有两个关键的衡量标准：一个是生产力的尺度，另一个则是价值创造的尺度。前者是效果问题，后者即为谁服务的问题，这两者之间存在内在联系。价值尺度可以促进效率的提高，并形成一种良性的循环。王水庆深刻认识到，稻盛哲学的精髓"追求实现全员幸福是企业的终极目标"，不仅是一个理论问题，更是一个实践问题，是需要在坚定而执着的利他信念中逐步展开和实现的。

利他是触摸真我的力量。弗洛伊德认为，人格是从内部控制行为的一种心理机制，完整的人格结构由本我、自我和真我组成。本我是本能的我，完全处于潜意识之中，隐匿着本能冲动，遵循"快乐原则"。自我是面对现实的我，是通过后天的学习和环境的接触发展起来的，是本我和外

---

① OEM，是指A公司受委托为其他公司生产产品，不使用A公司自己的品牌，也不负责这些产品的销售，仅仅是为委托公司加工生产，或完全按委托公司的设计和工艺要求生产。

界环境的调节者，奉行"现实原则"。真我是道德化了的我，是从自我中分化和发展起来的，是人在儿童时代对父母道德行为的认同，对社会典范的效仿，由道德理想和良心构成，遵循"理想原则"。学习稻盛哲学之后，王水庆感觉到开始能够触摸到真我，能够感觉到是自己的真我在驱动着自我前进，并彻底明白了"喜怒哀乐变化不是以他人的变化或环境的变化而变化"的道理，于是开始通过自我控制和负能量过滤来吸收正能量，成为驾驭情绪的主人。执着的利他信念，让王水庆受到外界的干扰更少了，定力更强了，人生和工作的愿景更加清晰和强烈，知道自己想要的是什么，创业目的也就更加明确了，那就是追求全员物质和精神两方面幸福，满足客户需求，为社会做出贡献。

员工都是可塑之才。稻盛和夫的企业从没有因为经济危机、经济萧条、经济不景气而解雇过一名员工。王水庆从中华传统文化中悟出，古代圣贤都是大人格的人，培养大人格的人是儒家文化的核心思想，对当代企业发展和企业领导人员素质养成至关重要。大人格首先是一种大格局，也就是胸怀博大，能够受得了委屈、承受住不公。现代教育培养的所谓的精致的利己主义者，其实都是小人格的人。在这个指导思想下，王水庆对待员工的态度和方法发生了变化。10年前，企业主对于不听话的员工，采取的措施是经常性地"换人"，但即便你换了10次，换来的还是一样的人。而如今他认识到与其频繁换人，不如学着接受，通过宽容和期待，终有一天会感染员工、感化员工，那么结果就必然带来1+1＞2的力量。

真正的利他是以他为中心。王水庆对此解释为"利用自己成就他人"。现在很多人口口声声讲利他，其实是把利他当了手段，最终还是利己。带着私心私欲的利他，本质上是以自我为中心的表现。真正的利他其实是以他人为中心，尊重他人的需求、感受、情绪。这就要求放下"我"的感受，放下各种"我"的念头，放下"我"的情绪，只有彻底把"我"放下，"我"

才可以接纳你。否则,你我之间是存在先后和选择的。因为"我"放下了,自然也就提高了自己的修为,提高了心性,提高了人格,"我"便不会被"我"的情绪所带走。对利他信念的修炼,是一个长期过程,也是需要不断在具体事上练,体现在自己的言行举止之间。

利他既要体现主体性又要体现主动性,唯此,才能把可能性变为现实性。王水庆对主动的解释是"不被感受带着走",才能真正成为主动的人。这里的主动不是为了自己,不是自私自利,而是真正的利他,他和"我"是一体的。人与人之间的博弈源自"我"的内在,而非外在因素。因为从问题发生学角度看,问题的产生和解决都需要"我"能够理智地看待和理性地行动,就要摒弃负面情绪,培养积极心态,开启智慧。王水庆要求公司所有管理人员都要遵循一个原则,即"遇到问题时,不允许说'我做不到'或'我完成不了'",因为一旦你说出这样的话,就进入了负能量状态,只有在正念中,你才会想尽办法解决问题,从而实现真正的改善。

全员幸福是双向奔赴。王水庆向公司中层干部强调第一点是追求全员幸福,这个全员幸福体现了公司高管和员工目标的一致性和共同性。员工到公司是为了追求幸福,如果不明白这一点,那就永远不能在同一个频道上沟通。但追求幸福不能停留在口头上,王水庆实现的方式是通过培训,让全员学会承受挫折和付出。只有员工充分认识到自己和公司的关系是双赢而不是单赢,是协商而不是抱怨,问题才能解决,环境才能改善。而在这个过程中所有的挫折和委屈都只会成为美好的回忆。同时,王水庆还要求员工遇到问题首先从自身找原因,这是真正解决问题的正道。

科学的数据是衡量幸福有效性的标准。王水庆在学习阿米巴经营模式后认识到,只有善于运用科学方法和具体数据,才能有效评估员工的行为和思维。当员工拥有良好的思维和行为时，效果如何呢？需要用科学的数字来衡量。这些科学的数字就像一面镜子，今天努力了，各方面的表现都会很好，但这并不代表明天的表现也会同样出色。如果明天没有继续努力，这些数字就会立即反映出来，表明你的表现下滑了。哪怕只有一天的时间差，这种变化也会很明显。个人如此，团队也如此。如果团队懈怠一点，整体素质必然大幅下滑，数字就能立刻体现出来；员工稍微加把劲儿，数字又会上升。因此，阿米巴经营模式就是利用科学的方法来呈现员工的思维与行为。为此，新锐焊接将成功方程式进行了创造，提出：人生工作结果＝作出正确判断×热情×科学真相呈现，阿米巴核算经营成果＝通专业×思改善×建标准×多沟通，工作＝作业（维持现状）＋改善（突破提高）。阿米巴核算表并非传统的会计科目表，而是汇总了整个公司所有员工的行为数据。为此，王水庆考虑的不是数字是否漂亮，而是数字是否准确。这对于决策至关重要。数字是不会说谎的，只有确保基础数据的真实性和准确性，才能看到真情况、反映出真问题。

　　幸福源自企业的健康运营，而健康的运营需要有利润作为支撑。新锐焊接采用的阿米巴核算体系，帮助其通过精细的数字管理来优化收入、减少费用、提高效率。当公司在经营中遇到问题时，关键在于心态的调整，首先要自我反省，寻找解决之道。在团队合作中，建立信任至关重要。无论是处理家庭关系还是工作关系，只有在必要时做出牺牲，才能达成双赢甚至多赢的局面。王水庆从他父母的相处中受到启发。他父亲年轻时性格暴躁，但随着时间的推移，加上他母亲的宽容与理解，父母的关系逐渐变得融洽。父亲在晚年变得温和，证明了耐心和坚持的价值。王水庆反复强调，无论是个人成长、企业管理，还是家庭关系，心态和行动的选择对于实现幸福都是至关重要的。只有以开放的心态面对挑战，不断学习和进步，才能赢得信任和建立良好的社会关系。只要心态问题解决了，也就有了拥抱挑战的勇气。足够强烈的愿望必然通过努力而得到实现。

六、不懈的心性修炼：在包容信任中形成企业哲学

王水庆不仅关注企业的经济效益，更注重企业文化的建设和价值观的培养，努力将新锐焊接打造成为一个创造价值的平台。这个创造价值的平台是务正业的，是专注于主业而非依赖于土地增值来获得成功的。他从最初学习稻盛哲学开始，逐渐融合了传统哲学和现代管理理念，逐渐成长为一个具有深厚哲学思考的企业家。这种转变不仅是个人的成长，也反映了企业在面对市场变化时的适应能力和创新精神。

善于学习各类有益经验并转化为新锐文化，是新锐焊接在市场上不断取得更大突破的内在原因。王水庆自从学习了稻盛哲学，就开始思考费用最小化和销售最大化，然后逐渐学习传统文化，再结合丰田精益生产等好的管理方法，吸收各种理念，并在实践中摸索转化，形成了独特的新锐哲学体系。如，王水庆提出了新锐发展的经营要诀，即以稻盛哲学为方向，科学管理为基础，丰田改善为补充，为己之学为深入。同时融入了稻盛哲学与中国文化精神。这种综合创新，体现了以王水庆为代表的新锐人的学习能力和创新能力。再比如，王水庆非常重视风险改善和丰田式的持续改进方法，并视之为科学方法。丰田思考法为企业风险改善和经营持续改进提供了一套解决问题的方法，具有科学性。经过两年的努力，王水庆逐渐掌握了这套方法，公司的一部分员工已经学会了如何有效解决问题。

通过学习稻盛哲学，王水庆在不断提高心性的过程中，拓展经营，形成了独特的企业哲学。如，企业追求：共产主义的理想，社会主义的福

利，市场经济的管理，中国文化的精神；企业愿景：创新驱动，质量为本，国内领先，全球先进，成为钎焊领域一站式服务的钎焊管家；新锐人的使命：追求全员物质和精神两方面幸福，满足客户需求，为社会做出贡献；从目的和意义出发提出了新锐人的精神：爱岗敬业、坚韧乐观、围绕客户、求真务实、团结协作、进取精神；等等。所有这些目标的实现，都需要不懈地修炼心性。

一个人如果不修炼自己的内心，判断力就很难超越个人立场。这既是知行合一的问题，也是致良知的行为。每个人都不应仅仅考虑自己的得失，而是要超越个人情感和喜好，超越本能的血缘关系和个人关系，超越以自我为中心的观念。稻盛哲学的核心在于认识到企业是为了什么而存在的。今天的中国企业往往是围绕企业家而运转的，但实际上，稻盛哲学提倡将企业视为全体员工共同拥有的事业。从这个意义上说，稻盛哲学的核心在于人性结构，所有判断都应该从为员工考虑的角度出发。即从人性的角度出发，所有的判断和决策都应该是为了员工的福祉。这种思维方式超越了个人利益，从内心深处感受到良知的力量。这种力量非常强大，能够帮助企业超越等级和界限，实现真正的变革。如果企业能够做到这一点，那么企业家实际上就成了第一位员工，所有员工都站在同一水平线上。以员工为中心是稻盛哲学体系的关键。为什么说员工第一、客户第二？实际上，只有满意的员工才能带来满意的客户服务，而满意的客户才能带来满意的股东回报。在这个过程中，员工是整个链条中最基础的部分，他们对股东的利益有着直接影响。

稻盛和夫提倡的是一种超越个人利益的判断标准，这涉及心灵层面的思考。如果每个人都能够从心灵出发，努力提升自己的心灵修养，那么他们就不会仅仅站在自己的角度思考问题，而是会考虑他人的感受和整体的利益。这种思维方式超越了个人的私利，强调的是利他和整体的福祉。这种判断方式是基于善良和利他的原则。明白什么是正确的行为，如何成为更好的人，这对于企业发展非常重要。王水庆从这个起点开始，逐渐领悟并实践这些原则，不再局限于小我，而是要超越个人的利益。为此，他倡导为己之学，并列出了为己之学的能量层级对照表，正能量层级依次为：勇气、满意、主动、宽容、理智、爱、喜悦、平静、开悟；负能量层级依次为：骄傲、愤怒、欲望、恐惧、悲伤、冷淡、内疚、羞愧。为己之学强调的是人的修为问题，即如何通过提高个人素质来促进集体和社会的进步。

虽然新锐焊接目前是行业的领先者，但未来要想继续保持领先，需要依靠整个组织的力量。如何提振士气、持续创新，就显得十分急迫和关键。因此，王水庆非常重视领导者的素养和心性修炼。他认为，领导力不仅是领导者个人的能力，更是领导者、被领导者以及领导环境的综合体现，即整个组织的向心力和吸引力，其中向心力是对内的凝聚力，而吸引力则是对外的感召力。

结束语

习近平总书记指出："要以科技创新推动产业创新，特别是以颠覆性技术和前沿技术催生新产业、新模式、新动能，发展新质生产力"[1]；"深化科技体制、教育体制、人才体制等改革，打通束缚新质生产力发展的堵点卡点"[2]。新锐焊接成立20多年来，一直坚持创新引领，不断适应时代需要，以强烈的使命担当挑起了焊接领域国产化替代的大梁。

在技术层面，新锐焊接有两条清晰的路线：一是技术的世界趋势，二

---

[1] 习近平：《开创我国高质量发展新局面》，《求是》2024年第12期。
[2] 《因地制宜发展新质生产力》，《人民日报》2024年3月6日。

是中国目前的发展趋势。新锐焊接正处于这两个趋势的交汇点，既涵盖了欧美的技术体系，也包括了日本的技术体系。新锐焊接与日本和欧美企业的合作，也是中国企业走向国际化的重要步骤。中国在高铁和新能源汽车领域的成功，充分显示了国际合作和技术引进的重要性。这些领域的成功案例为中国企业提供了宝贵的借鉴。因此，从这个角度来看，王水庆所做的一切不仅是对中华传统文化的继承，更是具有发展现代文化眼光的体现，是一种解决当代问题的明确意图。

在企业管理方面，王水庆善于利用有不同文化背景和技术专长的人才，这是一种非常明智的做法。欧洲的技术专家和中国专家各有优势，通过有效地整合这些资源，可以推动企业向前发展。王水庆的努力和领导力在这种整合中起到了关键作用。外行领导内行实际上是一种普遍的现象。在新中国成立初期，很多领导干部并没有专业知识背景，但他们能够很好地领导各行各业的专业人士。外行领导内行之所以有时比内行领导更有效，正是因为外行领导人往往更加专注于事业的目标和初心，他们知道自己不是专家，所以更愿意依靠和信任专家的意见。这种开放和包容的态度，加上坚定的目标导向，使得他们能够更好地发挥团队的整体效能。

人与万物

敬天，爱人

浙江诚食善粮自然农业研究院

引言

  诚食善粮是由浙江盛和塾塾生发起、由社会各界人士捐资、在浙江省民政厅注册成立的社会企业。在这样的情况下，诚食善粮用兴办社会企业的形式探索生态农业，是一个挑战，也是一个创举。正如企业名字"诚食善粮"，"诚"，信也，物之始终，不欺人，不自欺；"食"，与"实"同音，既含"民以食为天"之义，又寓意"符合客观真实"；"善"，意味着利他之心，与人为善，心地仁爱；"粮"，与"良"同音，既为生存必备之粮，又寓意不学而知、不学而能的先天具有的判断是非善恶的能力，即良知。41位学习稻盛哲学的企业家，因践行良知的发心聚合在一起，正如阳明心学所提倡的"致良知"，从内心中去寻找"理"，并努力做到"知行合一"。

  带着这样的经营理念，诚食善粮以农业为切入点，从一碗有温度的米开始，致力于推动人与人、人与自然、人与社会和谐共生的可持续发展之路，以重塑信任的方式，成为农业生产者和消费者之间信任的桥梁：

  让更多家庭吃到自然生态种植的安全放心的粮食，保障更多人的身体健康；

  让更多坚持不用农药、化肥、除草剂，自然种植的农人有稳定而又长远的收入；

  让我们的土地不受污染，守护地球，保护自然，造福子孙后代。

  习近平总书记在二十大报告中强调："中国式现代化是人与自然和谐共生的现代化。人与自然是生命共同体，无止境地向自然索取甚至破坏自然必然会遭到大自然的报复。""大自然是人类赖以生存发展的基本条件。

尊重自然、顺应自然、保护自然，是全面建设社会主义现代化国家的内在要求。必须牢固树立和践行绿水青山就是金山银山的理念，站在人与自然和谐共生的高度谋划发展。"基于此，诚食善粮要借由粮食这一媒介，传递每个人根植于内心的诚实善良，让耕种者保持给家人吃的心去耕作，让消费者在享受食物的同时，关注食物背后的耕作方式对自然环境的深远影响；以良知之心，重新构筑信任的桥梁。

一、永续经营的社会企业

社会企业，就是用商业的模式解决社会或环境问题的组织，拥有明确的社会使命与目标，同时具有经营能力与社会效益。其形态可以是营利公司或非营利组织，并将主要利润继续投入解决社会问题，而非分配给出资人或股东，重视对社会及环境的责任，以求创造最大的社会价值。企业进行市场化运作，出资人永不分红，商业运营的全部收益主要用于两个方面：一部分持续用于社会企业的再投资，扩大企业规模，普惠全社会；另一部分用于慈善事业，形成可持续发展的公益闭环。

具体来说，诚食善粮具有双重属性：浙江诚食善粮自然农业研究院是在民政厅注册的社会公益服务机构，该研究院又全资成立了社会企业诚食善粮（杭州）生态农业有限公司。

作为非政府组织（NGO），浙江诚食善粮自然农业研究院具有保护土地、保护地下水资源的职责，推广可持续发展的生态农业，倡导可持续发展的健康消费理念，推动食品安全健康发展。同时，研究院又成立了慈耕农创学院，作为培养新农人的公益平台，每年不定期选拔一批无私有为青年，进行技术和经营的专业研修学习，如自然农法种植技术、厨余垃圾处理技术、有机堆肥技术、稻盛经营学等，鼓励他们回到乡村自主创业，开展可持续的生态产业扶贫，共促乡村振兴。

作为企业，诚食善粮（杭州）生态农业有限公司承担着零售宅配、网购、配售、农耕体验、自然餐饮、生态农业旅游、投资等业务。一方面，为消费者甄选健康食品，严格把控选地、选种、育田、种植、除草、采收、保存、包装、上架等核心环节，依据产品类别进行定期或不定期检测，保障平台甄选的产品安全健康，让消费者安心放心；另一方面，支持农人持续运用自然种植和生态加工，推广"社区支持农业"的理念，从中解决产销之间不信任的问题。

诚食善粮将"永续经营"作为企业的根本宗旨，在绿水青山之间搭建起一座"桥梁"，以健康安全的美好食物为载体，让农人坚守绿水青山理念，坚持自然生态种植，通过计划性订单的形式，解决生产前期的资金和后期销售、损耗风险，劳有所获，在土地上收获生活的尊严；让消费者走进绿水青山之中，走进农业生产环境，体验农耕生活，彼此走近，重塑城乡间的互信，重温人与自然、人与土地的乡土之情；合力推动食品安全健康改善，促进整个生态农业的发展，建设美丽中国。

二、人活着的意义就是磨炼灵魂

陆中华，诚食善粮发起人之一，现任浙江诚食善粮自然农业研究院董事长，2015年底接手诚食善粮。

陆中华出身于农民家庭，父母以种菜为生，从早到晚都在菜地忙碌。陆中华大学学习设计专业，花销比一般学校高得多，父母用务农的收入供他读完大学。陆中华从小深知农民的艰辛，这也让他养成了克勤克俭、吃苦耐劳的品质。他从1998年开始自主创业，此后10年一直拼尽全力，逐步将企业做大做强。2008年，因强直性脊柱炎病发，陆中华的人生瞬间跌落到谷底。这种病在医学上被称为"不死的癌症",目前世上没有根治的药物。病发时,所有关节疼痛难忍,彻夜难眠,陆中华一度瘫痪卧床动弹不得,他无法接受患病的事实,甚至萌发了轻生的念头。这时,过往所追求的所谓的成功、钱财、荣誉仿佛都没有意义了,他不禁反思:人活着究竟为了什么?

正当他迷失方向、痛苦不堪的时候,一位朋友前来探望,送给他一本稻盛和夫的《人为什么活着》。陆中华被书名所吸引,尽管浑身无法动弹,还是平躺在床上、双手举着看完了这本书。稻盛先生在书中提到:"在波澜壮阔的人生中磨砺灵魂",努力提升自己的心性,净化心灵,提高人性,磨炼人格——这就是人生的目标;换言之,经历着人生中的波澜起伏,借此淬炼灵魂——这就是人生的目标。[1]他在书中读到人活着真正的价值与意义时,泪流满面,内心有一个强烈的声音告诉自己不能放弃,要坚定信念,要好好地重新活一回。此后,他又接连读了很多稻盛和夫的著作,如《活法》《干法》《心法》等,深受震撼。正如陆中华所说:

> 我就想找到答案。当时我在书中看到一句话——"人生活着的唯一目的就是要磨炼灵魂",要灵魂走的时候比来时更干净一点,这句话对我来说如雷贯耳。当时的情形非常复杂,因为我没有宗教信仰,我就相信自己努力就能成功。我原来的人生目标是追求企业做大做成功,但后来因为身体原因突然绝望了。我看到书中这句话后转念一想,我现在遇到这些事情就是磨炼灵魂的最好机会,就因为这一转念,内心恐惧迅速下降。
>
> 还有一种感觉就是希望暴风雨来得更加猛烈些。北京所有大的医

---

[1] 稻盛和夫:《人为什么活着》,蔡越先译,东方出版社,2015年,第80—81页。

院我全去过，医生开的药都是一样的。这些药对肝肾都有损伤，反正我也好不了，所以我就不吃了。我觉得没有关系，这不就是磨炼灵魂的机会吗？那一刻我内心就有了一种力量。所以我现在对"转心、转念、转命运"这句话有了更深刻的理解和体会。①

陆中华的很多经历与稻盛和夫很相似。回顾其过去17年的企业经营之路，公司经营并没有因为他个人身体原因而倒退，反而越来越好，其实就是因为他在无形中践行了稻盛哲学中所蕴含的哲学力量。尽管创业之初，他没有太多经营管理知识和经验，只是处处以身作则，不带私心地努力工作，在合伙人和企业员工之间都建立起心与心的联结。这与稻盛先生倡导的"爱，真诚以及和谐之心"不谋而合。所谓"爱"，就是把别人的欢乐视为自己的欢乐；所谓"真诚"，就是总是想着为社会、为别人做些什么；所谓"和谐"，就是不仅希望自己，同时也希望身边所有的人都能得到幸福。②

从那之后，陆中华感受到活着的价值和意义，更认识到不能被病痛击垮也决不能放弃自己，于是积极配合康复治疗。此后，他渐渐地恢复到能自主行走，甚至在医生建议下加入游泳锻炼，并向人生发起新的挑战，比如横渡钱塘江、横渡长江、横渡日月潭等之前从未敢想过的"壮举"，都在他的尝试下一一实现了。2015年，陆中华正式加入盛和塾，结识了一些拥有共同价值观的塾友们。同年10月，浙江盛和塾理事会成员找到他，希望他能负责经营诚食善粮这个项目。

最初，陆中华是拒绝的，因为他觉得自己的企业都没有经营好，而且

---

① 源自课题组2024年7月19日对陆中华的访谈。
② 稻盛和夫：《京瓷哲学：人生与经营的原点》，周征文译，东方出版社，2016年，第16页。

农产品的不可控因素太多，运作周期又长，对经营者的挑战更大。但经过反复思考，他最终决定接下这个担子：因为自己也是农民的孩子，并且深知农民的艰辛，因为病痛和稻盛哲学让他对财富、对人生有了新的认识和领悟，所以他决定通过接手诚食善粮修炼自己，真正做到动机至善、私心了无、守护善粮。

三、动机至善：可持续的公益行动

稻盛和夫认为，"动机至善，私心了无"是成功的重要条件。所谓"善"，就是普遍认为好，所谓"普遍"，就是无论由谁来看，都认为是好事。因此，不是只符合自己的利益、方便和形象就可以，而必须是自己和他人都能接受的。[①]诚食善粮正式成立后，吸引了更多动机至善的人。截至当前，诚食善粮吸引了各地盛和塾理事长和众多塾生，共计225位发起人和共建人加入这份事业，筹集了420万元捐赠款、192万元土地守护金，这些支持给了诚食善粮强大的力量！

2014年，诚食善粮走进浙江省丽水市云和县的沙铺村。沙铺村地处海拔1000多米的高山上，山清水秀、风景如画；村庄离镇上有几十公里路程，只有一条崎岖的山路，下雨天或遇山体塌方，交通极为不便。村里留守着200多位老人，他们以种地为生，有的老农人为农耕孤守了一辈子没有下过山。老人们种植的蔬菜经常因为运不出去无法买卖而烂在地里。2014年起，诚食善粮用最直接的方式帮助这里的老人，将他们种植的蔬菜配送到城市的餐桌，让他们劳有所获、老有所依，并组织城市中的爱心家庭带着孩子一同走进这座古朴的村落，感受美丽的大自然，体

[①] 稻盛和夫：《京瓷哲学：人生与经营的原点》，周征文译，东方出版社，2016年，第323—324页。

验不一样的农耕生活。运营第一年，诚食善粮为沙铺村每户老人增加了3158元收入，也给老人们带去了欢乐和幸福。

2015年起，诚食善粮在项目运营上逐渐感到吃力，一开始发起众筹的135万元资金已耗费近110万元。运营除了远距离全程冷链高物流费以外，因为品种的单一而难以持续满足接受配送的爱心家庭的需求，年迈的沙铺村老人因为落后的种植技术又无法根据企业的规划来丰富菜品……项目经营的种种问题接踵而来，如果继续按这样的方式进行下去，项目持续不了多久。在团队束手无策之时，稻盛和夫的"经营十二条"又给了陆中华以启示。其中，第一条是"明确事业的目的意义——树立光明正大的、符合大义名分的、崇高的事业目的"。为什么要办这个事业？这个企业存在的理由到底在哪里？自己创办事业的目的及意义，必须明确地表示出来，而且要尽可能高层次、高水准。只有树立光明正大的经营目的，才可能让全体员工感受到工作的"崇高意义""大义名分"，进而激发他们从内心深处产生持续努力工作的欲望。[①]于是，陆中华不断反问自己：诚食善粮的目的究竟是什么？最终要做成什么样子？

2016年，陆中华携当时的运营团队去海内外以生态农业著称的企业学习，如中国台湾的慈心农场、主妇联盟、里仁，日本的井上诚耕园、守护大地等，希望从中获取一些启发和收获。40年前的日本，大量使用农药化肥除草剂，人们面临极大的食物安全危机；很多消费者都渴望吃上安全健康的食材，却买不到真正的天然农作物。成立于1975年的日本守护大地协会是一家连接有健康理念的消费者和生态自然种植的生产者的社会企业，目前的销售额折合人民币约30多亿元，有10多万名消费者，有2万多名股

---

① 稻盛和夫：《经营十二条》，曹岫云译，中信出版社，2011年，第7页。

东，股东中有消费者也有生产者，还有守护大地的员工。

藤田和芳是日本守护大地协会的创立者，也是在日本推行有机农业的先驱者之一，著有《一根萝卜的革命：用有机农业改变世界》[①]。陆中华曾与他进行过一次深度交流：

> 藤田和芳有三句话，对我非常有启发。第一句：这些有机生态种植的农友是我们的股东，虽然没有分红，但是他们可以持续地把菜通过我们的机构贩卖给消费者，让他们的家人有一个稳定而长远的收入，这难道不比分红更有意义吗？第二句：我们的消费者知道我们提供的健康生态食物能保障其全家人的身体健康，这难道不比分红更有意义吗？第三句：我们的土地不受污染，保护土地，保护水资源，造福子孙后代，这难道不比分红更有意义吗？
>
> 社会需要大量的为之付出的努力，一家社会企业什么时候能产生效果？我觉得这是一件很难的事情，不是一天两天或一年两年能干成的。藤田和芳告诉我，他用了20年才开始有一点成功，不知道我能不能坚持住。后来我越干越发现是自己低估了这件事情的难度，他的话是对的。[②]

陆中华意识到，这正是诚食善粮要做的。连接生产者和消费者，让生产者可以安心种植自然农作物，让消费者安心吃上健康食物，让每个股东都能投入力所能及的钱，既能帮助别人，又能健康自己，同时保护地球生态环境，这不是最大的幸福吗？！

[①] 藤田和芳：《一根萝卜的革命：用有机农业改变世界》，李凡、丁一帆、廖芳芳译，生活·读书·新知三联书店，2013年。

[②] 源自课题组2024年7月19日对陆中华的访谈。

秉承"动机至善"的根本出发点，诚食善粮从一根萝卜的众筹开始，投身到可持续的公益事业中。沙铺村海拔高、气温低，很多老人家里都还没有一口像样的锅，身上穿的是破旧的棉衣。2016年冬天，诚食善粮发起"爱在沙铺"公益活动，感召企业家一同参与送温暖活动，筹集新的冬衣、新的电锅送到贫困老人手中。2017年，随着诚食善粮的坚持，"沙铺"这个名字被更多人知道，沙铺村的老人们受到外界关注，诚食善粮的多次公益活动让整个村庄重新燃起了生命力，包括招募从医志愿者进山，为老人们提供义务就诊活动。2018年，诚食善粮成立了慈耕农创学院，为更多的年轻人提供学习交流的平台，定期组织环保公益行活动，保护土地，倡导自然健康的生活方式。2019年，诚食善粮不定期举办了多场自然农耕体验活动，组织家长带上孩子参与"守护大地、自然农耕"的插秧、收割等公益活动，让下一代接受自然教育。2020年，诚食善粮帮助沙铺老人解决滞销的高山土豆，仅5天时间就有78人参与爱心众筹，合计众筹款项4835.43元，全数经诚食善粮工作人员转交给沙铺老人。而今，诚食善粮的公益脚步仍在前行……

四、私心了无：新农人的孵化平台

"动机至善，私心了无"，意味着在工作过程中，要自问"私心有无"，必须审视自己的内心，在工作中防止以自我为中心。动机至善，又无私心，那就不必追问结果，结果必定是成功。[①]诚食善粮牵头发起"慈耕农创学院"新农人创业孵化平台，每年不定期地选拔一批无私有为青年，通过传播自然农业理念和稻盛哲学，教授自然农法种植技术、厨余垃圾处理技

---

① 稻盛和夫：《京瓷哲学：人生与经营的原点》，周征文译，东方出版社，2016年，第324页。

术、有机堆肥技术等自然生态农法，为新农人提供从心法、技术到经营的研修学习，支持他们回到乡村自主创业，带领农民开展可持续发展的生态农业生产，共促乡村振兴。

罗杰是台湾地区自然农法资深实践者，台东县人，自幼生长于田野。2013年应郭永进老师邀请在大陆宣讲自然农法，引领成千上万的新农人开启返璞归真的生命转型，帮助重返田园的人们建立可持续发展的模式。尽管初心至善，但成效不佳，几年之后，值得标榜的模范农场屈指可数。经过反复思考，他终于明白症结所在：普通的师生制课程技法易传但心法难授，学员没有和师父共同劳作、共同生活的经历，很难深入领会师父传授的精髓，更无法感受身教的加持。2017年，罗杰因缘与诚食善粮相遇，在了解企业的发心和理念之后，发现与自己的理念不谋而合。2017年12月23日，慈耕农创学院启动会暨第一期新农人创业讨论会在浙江杭州桐庐县召开，聚集了来自全国各地数十位肩负使命的新农人，共话自然可持续农业的发展现状和未来。此时的罗杰也毅然决定加入慈耕农创学院，成为一名指导专家。

为了让学员深入学习和掌握自然农法精髓，罗杰老师与慈耕农创学院经过深入研讨，最终确立了师徒制的传承方式。只有在土地上手手相传、口耳相授，才能把耕作的细节、态度、文化等精髓全面传授。2018年3月开始，在罗杰的指导下，慈耕农创学院正式推出第一期自然农法学徒班，为期一年。在这种模式下，学员收获满满。交流体验营的主要内容包括：理论，即讲解自然农法的智慧和农业哲学，以及自然农法与家庭教育的关系；实践，包括桐庐彰坞（慈耕农创学院所在地）的状态分析、秋收秋播的实践、农机操作学习、纯素健康的生活方式等。

2019年3月7日至14日，慈耕农创学院举办了新一届自然农法体验营，这是继2018年度长期师徒制形式后的短期体验营，这种形式让有兴趣从事生态农业的年轻人，对自然生态农业有了一个初步的认识。短期班以实际案例论证的方式，让学员对创建自然健康生态农场更有信心，为后续坚定扎根从事自然生态农业的人才的中长期培养做准备。为保证教学效果，此次短期体验营参与学员限定人数为20人，他们来自全国各地，因自然农法相聚于诚食善粮东阳基地。7天的学习实践体验，让学员们深刻认识到真正的自然农法。自然农法的良性循环，真正实现了费用最小化、销售最大化，慎用机械、减少人工的运作模式大大提高了生产效率，这也充分体现了稻盛哲学的精神。体验营的课程不仅仅是专业知识和技能的传授，大家在一起共同生活和学习，从不熟悉到熟悉，分享彼此的故事，感同身受当下的责任和使命，亦是一种自然的心灵连接。

2019年7月，全国各地的新农人又齐聚杭州鸬鸟镇实践基地。罗杰在讲授中并不灌输复杂的知识结构，而是提炼出最精彩的部分加以解析，让学员当下就可以记住。他的课程有很强的互动性，当学员真正融入其中就会非常享受，那是一种心与心的能量传递，可以带来不可思议的成长。体验营并不只有理论教学，更注重学以致用，因为"知道却做不到，等于不知道"。很多概念理解起来并不难，但一旦落实下去就会遭受各种考验。在讲完适地适种后，罗杰带大家到地里，现场出考题检验每个人理解的程度，教导大家操作小型机械，做个轻松又有效率的农夫；对每个实际的案例进行分析，让大家对自然农法的种植有更加深入的领会。正如罗杰所说，"没有贫瘠的土壤，只有不会种的农夫"。

五、守护善粮：有良知的自然农法

自然农法是依循大自然法则的农业生产方式，以维护土壤生机的土壤培育为基础，绝不使用任何化学肥料、农药和各种生长调节剂以及任何伤害土壤的添加物。自然农法提倡世间万物都需要生存，即使是虫子、杂草，也可以好好地生活。但为了不影响作物生长，它们得"有条件"地活。自然农法的根本是"心法"，即以爱耕作、尊重自然、顺应自然、以自然为师。它的精髓就是"爱"。

推广自然农法的自然农业特点包括：第一，生态农业是尊重植物和动物的基本权利，发挥它们的潜能，最大限度地利用自然力量的生命农业；第二，生态农业不使用化学肥料、农药、除草剂、植物生长促进剂等人工化学物质，仅仅依靠天然物质，自己动手制作独特的生产资料，是乐此不疲的生活农业；第三，生态农业能恢复因使用化学肥料、农药、除草剂等化学物质而被破坏的自然生态环境，是一种环保型农业；第四，生态农业是利用最少的投入，获取更多优质、安全农牧产品的高效益农业；第五，生态农业是热爱自然、为子孙万代未来造福的爱心和亲情农业。所以，选择生态农业，就是真心诚意地保护土地，减少化学物质带来的损伤，还原大自然本真的生态链，让生活在土地上的生命都能拥有幸福的归宿。

农业本应是良心产业，但当前农产品掺假成为一种较为普遍的现象。一些农民说，很多杂粮有机农产品都掺假，自己不掺假就亏了。劣币驱逐良币，不诚信问题会影响整个国民经济的发展。消费者想多花钱买安全优质的农产品，生产者想把真正的好东西卖出去，双方都有很大的需求；但由于消费者的不信任，造成二者之间出现一道"诚信门槛"，使改革中的供给侧很难与需求端对接，抑制了市场潜能。我国各地特色农产品众多，假如农民都能诚信种植、诚信经营，让消费者可以简单便捷地买到真货，消费者也会愿意给出更高的价格。当农产品经营者在诚信体系内获得收益，他就会更加自律，也会更加维护诚信。最终将是人人受益，从而扭转不诚信的局面，变为彼此信任、互相扶持的良性循环。

以稻米为例。米饭是我们食用最多的主食，但市场上存在毒大米、镉大米、抛光陈化米等以次充好的现象，消费者难以肉眼识别区分，面临着很大的健康风险。守护善粮，就是要从善待每一份食物做起，从把饭碗端在自己手里、吃上一碗"真实"的米饭做起。黑龙江省五常市以盛产五常大米闻名全国，但真假掺杂已成为一种普遍现象。相关报道称，市场上销售的所谓的五常"稻花香"，几千袋米里只加入了几十包稻花香米作为"调料"，这种"调和米"其实大部分都是湖北米、江苏米或者其他东北米。据统计，五常市实际拥有150万亩水稻田，2016年五常大米产量只有125万吨左右，但全国各地卖的"五常大米"超过1000万吨，消费者很难买到真正的五常稻花香。

在东北的严寒还未消融、黑土地还未完全化开的时候，诚食善粮的同伴们就已经北上驻扎田间，准备观察种地的全过程。要种出好大米，当然要先有好土地。东北基地是中国公认出品优质大米的黄金产区，这里有着亿万年沉淀的丰饶黑土地，土质肥沃疏松，富含有机质，同时当地的纬度条件造就的严寒气候期，天然降低了病虫害的发生率，也延长了稻米的生长周期，一年只有一熟成。从3月的春天里开始找阳光最好的几天晒种，让阳光叫醒种子，然后育秧、插秧，再到灌水、润田、除草、收获，全由农夫亲手细心照料。近9个月的等待，能够让每一粒米在地里充分吸收养分，尤其在水稻抽穗至成熟期，当地昼夜温差大，特别有利于光合产物的积累，使籽粒更加饱满丰盈。

东北黑土区也是世界稀有的三大黑土区之一，而每一厘米厚度黑土地的形成需要约400年的岁月积淀。不仅要在这里种出高质量、高品质的稻花香米，更要守护好这片黑土地。诚食善粮基地的稻田从不用化肥、农药、除草剂，全部采取人工除草。在没有污染的稻田里，到处都活跃着青蛙、鸭子等小动物，一片勃勃生机。自然生态方式也保证了稻花香米在口感之外的安全健康品质。

终于等到稻谷成熟，采用人工收割后码成垛，不用机器烘干，而是经过风和阳光的自然晾晒，让稻谷完成后熟，保证米的天然品质和口感。从稻谷到米，还要经过一道碾磨的工序。严格遵循工序的稻花香出米率不到一半，只有这不到一半的最好的米，才有机会送上消费者的餐桌。这一碗诚意十足的好米饭，不仅是食物，更是对土地、对生活最大的敬意。

收到诚食善粮稻花香米的顾客不约而同地给出好评：有的妈妈说，孩子的嘴巴是最挑剔的，但一闻到诚食善粮的米香味，孩子就会特别自觉地坐在餐桌边等着开饭了；有的孕妈妈吃到诚食善粮的米后，再也不放心去外面吃别的饭了；有的外国客人不仅收到了诚食善粮的米，还听到了大米背后许多人无私付出的故事，便将它寄回自己的国家，请亲友品鉴；有的朋友在品尝中回想起小时候锅盖打开时飘出的自然浓郁的谷物香气。诚食善粮的稻花香米不仅香飘中国，让同胞放心、幸福地吃上一碗健康、温暖的米饭；还让自然鲜美的米香飘到了海外，让世界各地的人民品尝到中国好味道，让远在异乡的游子在饭香之中念起回家的味道。

六、人人都是经营者

在诚食善粮，人人都是经营者，大家不仅仅是为了一份生活保障，更是为了共同的使命。这种力量无穷强大，源自由心而发的对企业经营理念和价值观的认同，这也在很大程度上决定了企业的命运。换句话说，企业的荣枯盛衰，在很大程度上取决于企业所持有的经营哲学和理念。稻盛和夫说:"常言说,人心易变,但同时,比人心更坚固的东西并不存在。"[①]所以,经营企业就是经营人心。

诚食善粮的每一位同仁心中已经基本形成了一种无形的判断标准或者经营哲学。以这种可靠的、牢不可破的人心作为基础,有助于事业的更好发展。在稻盛哲学的影响下,再结合自身的经营实践,日渐形成了属于诚食善粮的判断标准,也就是"诚食善粮哲学"。随着事业发展和团队壮大,诚食善粮将这种无形的经营哲学提炼转化为有形的文字,形成共计40条的《诚食善粮哲学手册》,里面的每一条内容都是诚食善粮的团队日积月累实践后的共鸣,它是诚食善粮这份事业的经营指南,同时也是每一位诚食善粮伙伴的人生指南。

当然,诚食善粮在经营过程中也会受到很多的质疑与批评,比如质疑企业的发心,质疑产品的价格,质疑产品的品质,等等。听到这些质疑和批评,企业家内心的本能反应就是会委屈、会困惑、会退缩。但陆中华告诉团队伙伴:既然我们做了这样的社会企业,我们首先就得真诚接纳这些质疑和批评,我们要反省自己的工作,是否会有好心办坏事的时候,因为我们深陷经营之中,有时候也会不自知。陆中华也时常提醒自己,通过反复诵读学习《诚食善粮哲学手册》,在工作和生活中认真践行,不断精进。相信诚食善粮哲学的力量,相信相信的力量,就能坚定地走下去。

结束语

心中若能充满爱地度过每一天,人生便能拨云见日。"慈悲万物,关

[①] 稻盛和夫:《京瓷哲学:人生与经营的原点》,周征文译,东方出版社,2016年,第344页。

爱万物，使万物变得更加美好"，所以我们的心中也应该抱有"希望宇宙中的森罗万象、万事万物向着好的方向发展"的想法，与宇宙的关爱之心实现和谐与同步。[①]诚食善粮走入农村，帮助农民，投身农业，倡导没有农药、化肥、除草剂的自然农法的种植方式，这正是"敬天爱人"的利他之心的体现。让更多家庭吃到自然生态种植的安全放心粮食，保障更多人的身体健康；让更多坚持不用农药、化肥、除草剂，自然种植的农人能够有稳定而又长远的收入；让我们的土地不受污染，守护地球，保护自然，造福子孙后代。诚食善粮希望在未来培养1万个坚持自然生态种植的新农人；如果1个新农人可以种植守护100亩土地，那么1万个新农人可以守护种植100万亩土地；如果1亩土地能够供养1户家庭1年的自然健康粮食，那么100万亩土地可以让100万户家庭吃上自然健康的粮食。

守愚藏拙，为而不争；不忘初心，始终如一。动机至善、私心了无、守护善粮，诚食善粮实践的利他哲学，是"利天地万物"之学：不仅为农民、农业、农村，还为全体员工、消费者、社会、自然做贡献，是推动人与人、人与自然、人与社会和谐共生的可持续发展之道。

---

① 稻盛和夫：《京瓷哲学：人生与经营的原点》，周征文译，东方出版社，2016年，第11—12页。

小面馆与大使命

用心服务每一位顾客

温州"十八家面馆"

引言

大与小是一对哲学范畴，二者是相互依存、相互转化的关系。从辩证法的角度来看，世界上没有绝对大的事物，也没有绝对小的事物，大与小都是相对的，都需要有参考系。我们常说一个事物很大，不过是相对于比它的事物而言，如果对比天地宇宙，它将变得无比渺小；我们常说宇宙最大，殊不知它正以更大的速度爆炸扩张。所以说，任何事物都有大和强的一面，也都有小和弱的一面，大与小是相对的，可以相互转化。

温州"十八家面馆"原本只是一家普普通通的小面馆，但是因为有伟大的理想和使命，致力于打造温州面馆的领军品牌，服务温州1000万消费者，目前这家面馆已经将分店开进机场、学校、社区、银行等温州各种场所，累计有100多家分店。"十八家"原先是一个村名，之所以创建"十八家面馆"，是基于以下几方面原因。

首先，随着城市化进程加快，很多村庄消亡，农民变成市民，他们生活水平不断提高，但是对过去生活的怀念却没有消退。取名"十八家面馆"既是一种乡愁的表达和对故乡的怀念，也是对未来美好生活的向往和追求。

其次，温州人吃面的历史悠久，在温州几乎每条街上都有很多面馆，但是这些本地面馆大多为夫妻店模式，店面布置、卫生条件、经营理念都比较老旧，跟不上时代潮流，无法迎合当代温州人对美食的追求。而很多外来品牌虽然名气大，但不是专门针对温州人的口味，且价格偏高，不接地气，覆盖面较小。"十八家面馆"立足温州人的饮食习惯，精心把关食品采购、加工、生产、上桌每个环节，既追求让每一位顾客吃得健康、卫生，又努力让顾客吃得实惠、满意。

最后，面馆虽然是小行业，但是也要担当起时代责任，打造自己的行业文化。"十八家面馆"注重打造企业文化，既追求"打造温州面馆的领军品牌，服务温州1000万消费者"，又用心关怀员工的物质和精神双幸福，支持员工创业、组织外地员工子女温州游、员工生日关怀、每月员工聚餐、每周学习分享等活动，展现出浓厚的人文气息。在企业文化的熏陶下，员工展现出积极向上的精神状态，用心服务每一位顾客，让顾客在小碗面中品尝到大文化。

将小事情做出大成绩，最好的榜样就是中国共产党。中国近代史上，各阶级都在为民族独立、人民解放而奋斗，但是无论是地主阶级洋务派、资产阶级改良派或是资产阶级革命派，他们都是某些人或某个阶级的代表，无法组织起人民群众完成民族独立与人民解放的伟大历史任务。中国共产党从成立之初一个只有几十人的小党成长为如今近一亿党员的大党，领导中国人民取得了一个又一个伟大胜利，其背后原因就是始终不忘初心、牢记使命，始终坚持以马克思主义为指导，以为中国人民谋幸福、为中华民族谋复兴为使命追求。正如习近平总书记所言："不忘初心，方得始终。中国共产党人的初心和使命，就是为中国人民谋幸福，为中华民族谋复兴。这个初心和使命是激励中国共产党人不断前进的根本动力。"[1]"十八家面馆"秉承不忘初心、牢记使命的优良传统，从细微处入手、从身边小事做起，用心服务好每一位顾客。

一、天下大事必作于细

天下难事必作于易，天下大事必作于细。每一个伟大工程都需要具体

---

[1] 习近平:《决胜全面建成小康社会 夺取新时代中国特色社会主义伟大胜利——在中国共产党第十九次全国代表大会上的报告》，人民出版社，2017年，第1页。

明确的支点，每一个壮丽梦想都需要现实可行的抓手。在科学构建宏图远志的基础上，凡事从细处着手，把小事当作大事干，是走向成功的重要途径。如果小事不愿做、做不好，想做好大事也是很难的。稻盛和夫认为，企业家有一个较为普遍的通病——往往忽视"小事"。[①]稻盛和夫坦言，自己曾为如何具有成功企业家的判断能力而烦恼不已，为了解决这个问题，他养成了习惯，不管看似多么简单的事，不管遇到多么小的事情，都会有意识地认真思考，努力做出正确判断。

事物的发展是一个过程，任何大的事物都是从小的事物发展而成的，这背后的道理就是马克思主义哲学所揭示的量变质变规律。质变与量变的关系是辩证的。第一，量变是质变的必要前提。任何一个企业刚成立时规模都比较小，往往不会引起人们的注意，但是随着长期不断的量的积累，开始粗具规模，从相邻的两个短距离的时间节点来看变化可能不大，但是以年或更长时间为单位对比就可以发现明显变化，这些量上的变化为事物发生质的变化提供了必要的基础和前提。第二，质变是量变的必然结果。量变的每一种变化都影响并改变着质，量变对质变的这种作用逐渐积累，达到临界点，就必然引起质变。同时，质是通过属性表现出来的，量变就是不断地改变事物的属性以及属性与属性的关系，因而必然引起质变。第三，质变体现并保存量变的成果，并为新的量变开辟道路。一个企业在经过长期稳定发展后会与成立之初在规模、使命、影响力等方面有较大的变化，这时的企业与之前相比就是一个新的事物。质变意味着发展过程中的飞跃，即新事物的产生，意味着新质和新量相结合并构成新的度，从而使事物在新的度的范围内开始新的量变，开始新的渐进性发展。

[①] 稻盛和夫：《京瓷哲学：人生与经营的原点》，周征文译，东方出版社，2016年，第179页。

走进温州"十八家面馆",一幅幅老照片、一条条老标语、一个个老物件随之映入眼帘,面馆内散发着浓浓的年代感。在一处照片前,一个父亲正在跟儿子讲过去的故事,回忆美好的童年时光。正在吃面的李先生有感而发:"这是一家有温度的面馆,小时候我家里就摆着这样的搪瓷缸,玻璃下压着珍贵的老照片,这是我们80后的记忆。"

谈起"十八家面馆",当地人无不知晓。"十八家"原先是一个村名,随着城市化发展后来成为路名,就是这样一个很"俗"的名字,被潘建凯团队做成了远近闻名的时代面馆,得到了顾客的一致好评。

为什么要创建"十八家面馆"?潘建凯认为,温州的面馆大多保持了过去夫妻店"为了开店而开店"的模式,夫妻店一般店铺规模较小,装修布置简单,存在不同程度的脏乱差问题。这种夫妻店由于缺乏专业的运营经验和市场洞察力,缺乏对未来发展的规划和思考,位于供应链的末端,议价能力较弱,且货品质量难以保证,不能适应现代化的发展趋势。同时,像兰州拉面、李先生等一些外来品牌缺乏对温州人口味的把握,且价格高,没有得到顾客的广泛青睐。基于对面馆行业的不同认识,潘建凯与朋友商量探索一种具有生活气息和时代风貌的面馆模式。说干就干,2014年,潘建凯与另外两名朋友一起创办了"十八家面馆"的面食品牌,第一家"十八家面馆"突出怀旧主题,打造家的文化氛围,将一些老照片、老家具、旧奖状、旧路牌等20世纪80年代的物件布置在主题文化墙上,打出了"吃十八家面馆,为四化作贡献"的老标语,随着当时网红文化的兴起,面馆一开业就受到消费者青睐,很快就火爆出圈。

潘建凯最初的想法很简单,就是打造一个有温度的面馆,但是理想就是这样,追着追着就对面馆行业有了情怀,于是他们改变经营理念,开始向不同场所进军,在商场、社区、机场、学校等场所开了100多家连锁店,

"十八家面馆"逐渐走上正轨。潘建凯认为，应当进一步解放思想、开阔视野，不能依赖过去在路边开面馆的老路子，要积极寻求新发展，把面馆开到有顾客的地方，开到顾客的心里。

理论是行动的先导，有了科学的认识，潘建凯的团队就有了实践的动力，他们主动出击，向各种场所全面进军，打破了人们对小面馆的成见，担当起时代赋予奋斗者的大使命，致力于服务好每一位顾客。

温州人自古以来就有吃面的习惯，温州的面馆多得数不胜数。"十八家面馆"能在温州作为一个新事物火爆出圈，肯定有它的成功秘诀。其实，"十八家面馆"的三个创始人之前都未从事过餐饮行业，潘建凯大学学的是金融专业，毕业后从事过外贸工作，其他人则做过销售、外贸等工作，他们之所以聚在一起做面馆，就是凭借着对童年的怀念、对父母的感恩以及对美食的追求。潘建凯认为，专业知识并不是一维的，道理与道路都是相通的，只要充满热爱，下定决心，做好规划，任何事都可以做下去。事实证明，跨行业的知识与经历扩展了"十八家面馆"的视野和思路。也正因为潘建凯是跨行业做面馆的，他一直坚持稳扎稳打，在慢慢摸索出行业规律后，才进一步探索打造连锁店的发展模式。

成功不是一帆风顺的，随着网红文化的普及、怀旧文化的衰退以及消费群体的变化，面馆经营和管理遇到了一些问题。"十八家面馆"最初设计时针对的群体是80后，随着时间的推移，90后与00后逐渐成长起来，他们对1980年代的老物件与80后们有截然不同的认识。对新生代来说，生锈的搪瓷缸、陈旧的老物件，让他们感觉很不卫生。这些变化让潘建凯陷入沉思，他第一次认识到时代在变化，自己在变老，同时也认识到"不换思想就得换人"，要跟得上时代，就得及时改变自己的思想。于是，潘建凯及时调整过去的营销模式，将一些陈旧的包袱卸掉，对经营理念、店面装修、标语口号等进行了全面升级，既把握好老顾客群体的怀旧情感需求，又兼顾到新顾客群体的健康卫生要求，从细微处着手，用心服务好每一位顾客。

二、认真思考自己要做什么

潘建凯时常说，盛和塾给了他一种家的归属感。他坦言自己入塾原本是为了寻求经营之道，把业绩搞上去。但是在参加盛和塾学习之后，他发现自己在稻盛和夫面前就是一个小学生，于是放下了自己的成就感，从头开始虚心学习。

从第一家面馆开业以来，"十八家面馆"一直是开到哪里火到哪里，但是自2020年新冠疫情暴发后，"十八家面馆"出现了闭店潮，销售额和利润大幅下降，员工也陆续离职。潘建凯回忆道，以前觉得开店很容易，在生意顺的时候，感觉员工像天使，客户也像天使，所有人都像天使，但是情况突然发生变化以后，觉得每个人都很不友好。那是潘建凯最痛苦的时期，也是在那个时候他开始意识到自己的本事不足以应对当下的局势，感觉很苦恼。以前不重视学习，认为开一家面馆有什么好学的，但在那一刻潘建凯突然意识到，"十八家面馆"这些年的发展都是因为赶上了好时候，但只有在逆境中把事业做好才是真本事。于是，潘建凯团队开始到外面多方拜师求学。

2022年夏天，一次偶然的机会，一个朋友介绍潘建凯到盛和塾学习稻盛哲学。潘建凯坦言自己在学习稻盛哲学前是一个非常世俗的人，崇尚名车豪宅，羡慕人家开法拉利，从内心也是看不起面馆行业，觉得开饭店才风光。在学习稻盛哲学以后，他开始思考一些本质性的东西，明白自己不仅仅是开了一个几十平方米的小面馆，还要做服务温州、服务社会的大事业。对于潘建凯来说，学习稻盛哲学使他实现了从开"小面馆"到做"大事业"的转变。

读了稻盛哲学后,潘建凯的思想受到巨大冲击,开始重新定义面馆和事业。潘建凯感觉自己像变了一个人似的,思考问题的方式和深度完全不同了,开始思考原来一些熟知的问题,比如"作为人,何谓正确",再比如"做面馆与做事业有什么不同"等原来完全不会觉得是问题的问题。潘建凯在两年内从头到尾读了八遍《活法》,每读一次都感觉自己参悟到了一些至真至善的道理。在学习稻盛哲学的过程中,潘建凯的思想得到充实,价值不断得到实现,他在稻盛哲学里学到了"自利利他"的思想精髓,学到了事业与生活中最本质的东西,于是决定带着自己的团队成员一起学习稻盛哲学,让大家的思想都能得到升华。

三、向优秀企业家看齐

潘建凯学习稻盛哲学,还有榜样的力量在发挥作用。温州冠盛股份有限公司董事长周家儒是温州企业界的前辈,也是潘建凯崇拜的偶像。他第一次见到周家儒是在2022年12月盛和塾举办的一次学习交流活动上,当时周家儒在分享完自己的故事后,对潘建凯等新朋友一一鞠躬。"那是我第一次见到周大哥,我觉得我只是一个小面馆老板,一个上市公司董事长居然给我鞠躬,我愣在原地半天,那时候就觉得盛和塾不一样。"在分享会上,周家儒分享了自己的创业、成功以及挫折,这种亲和感让潘建凯觉得自己跟一个优秀企业家的距离如此之近,周家儒分享的经历他都能感同身受,更找到了追求进步的动力。潘建凯在盛和塾找到了家的归属感,周家儒给了他大哥般的温暖。

机缘巧合,十几天后,潘建凯与周家儒在健身房又遇见了。潘建凯既惊喜又惊讶,心想:周大哥这么忙怎么还有时间健身?周家儒笑着说:

"我要努力好好工作、好好休息、好好运动，再为国家、人民以及企业健康工作20年。"潘建凯从健身教练那里得知，周家儒健身很有规律，一周三天，雷打不动。潘建凯陷入沉思，自己办过十几张健身卡，都没坚持下来，很多时候办完卡就觉得心安理得了，自己应该好好学习周大哥这种坚持如一的精神。正是这两次特别的邂逅，让潘建凯感受到稻盛哲学的力量和榜样的力量，也看到了新时代中国企业家的新气象。

四、企业发展需要共同努力

稻盛和夫认为，一个人能做的工作有限，但众人团结一心、持之以恒的话，就能最终成就大事业。一个优秀的企业团队，并不是简单的员工的集合体，而是通过团队的规则与精神，将每一个团队成员的优势与能力充分合理地凝聚在一起，形成1+1＞2的效果，来壮大团队的力量。一个团队里聚集着一群有信念、有能力，为了共同的目标共同奋斗、互相支持的人。在这个团队里，每个成员都要尽最大的努力为团队贡献力量，有一种归属感、责任感。

中国共产党就是一个这样优秀的团队，团结统一是中国共产党的优良传统。习近平总书记指出，"团结统一是党的生命，是党的力量所在"，"我们这么大一个党，领导着这么大一个国家，肩负着带领全国各族人民实现国家强盛、民族复兴这个艰巨任务，全党必须统一思想、统一意志、统一行动"。[①]我们党在百年光辉历程中，始终重视党的政治建设，始终保持党的团结统一，教育引导广大党员、干部增强政治意识、坚定政治方向、站稳政治立场，坚决贯彻执行党的政治路线，推动全党始终保持统一

[①] 习近平：《在学习贯彻习近平新时代中国特色社会主义思想主题教育工作会议上的讲话》，《求是》2023年第9期。

的思想、坚定的意志、协调的行动、强大的战斗力。历史和实践证明，党的团结统一是党和人民前途和命运所系，是全国各族人民根本利益所在，也是我们党加强自身建设的经验总结。任何一个组织，只有团结统一、步调一致，才能不断开创事业发展新局面。

学习稻盛哲学的意义体现在潘建凯与团队成员关系的变化上。"刚开第一家店的时候，我每天都在店里跟伙伴们在一起，每一个伙伴的名字我都叫得出来。随着门店的增加，有些店我也不常去，很多人的名字叫不上来了。"对潘建凯来说，开第一家店的时候与员工的交流最密切，他对每个员工的年龄、家庭、学历、爱好、生日等情况都特别熟悉，随着店铺的增加，潘建凯逐渐弱化了与员工的交流。一方面，他的工作更加繁忙，精力上很难兼顾；另一方面，他在潜意识里认为员工就是给老板打工的，员工好好干活，老板按时发工资就可以了。学习稻盛哲学之后，潘建凯开始反思自己与员工的关系。他认识到，稻盛和夫在书里多次提到一个理念，叫"员工物质、精神双幸福"，自己以前认为给员工提高工资待遇，员工物质上幸福自然就会精神上幸福，慢慢地他发现不是这样，因为员工需要的不仅是工资的增加，他们更需要精神上的关怀，需要尊重，需要被肯定。只有关心员工的生活，让他们感受到团队的温暖，员工才会发自内心认为自己属于团队，才会心甘情愿为团队奋斗。意识到这种关系，正是稻盛哲学给潘建凯的重要启示。

对于具有使命感的企业而言，只有具备共同的价值观，才能集中力量，促进企业持续发展。统一团队思想、凝聚共同价值观，就必须发挥领导者的作用。领导者应该抱有一颗温暖的关爱之心，积极了解团队成员的想法，努力将他们的力量凝聚到同一方向上来。为了更好了解自己的员工，潘建凯开始深入不同门店，深入员工中，到生产一线去了解员工的想法。而员工们的拘束和语无伦次的表达让潘建凯意识到，其实他和员工之间存在着沟通障碍，这背后还隐藏着双方在工作理念、工作追求、工作方法以及信念层面的差异。与员工在交流方面存在障碍，是因为没有做好员工的思想工作，不了解他们的所思所想所盼，在工作方面没有统一思想，更不要说在生活上、情感上能进行深入了解。

有问题不可怕，可怕的是不敢承认问题。潘建凯看到问题后，认为要结合稻盛哲学和实际情况去寻求解决办法。稻盛哲学非常科学系统，但是并不意味着可以照搬照抄，解决"十八家面馆"的问题，必须结合中国和温州的实际情况，用员工们听得懂、能接受的方式去改善与他们的关系。潘建凯立足员工学历、家庭、爱好等实际情况，制定"精神星火计划"，用不同的学习、娱乐活动增进与员工的感情，将他们的思想、兴趣统一到面馆的经营改善方面，激发了员工的积极性、主动性和创造性。2022年以来，组织举办外地员工孩子温州游、员工生日关怀、每月员工聚餐、每周读后感分享、《六项精进》课堂学习等多项活动，并配套积分奖励机制，激发员工参与活动积极性。

用正确的思维方式来凝聚员工的合力。"十八家面馆"实施的诸多"员工物质、精神双幸福"活动，既是受到了稻盛哲学的启发，同时也是潘建凯结合自己的人生阅历和企业实际进行的主动性创造和探索，具有鲜明的温州特色、"十八家面馆"特色。在员工福利方面，很多企业就是给过生日的员工发100元的蛋糕券，潘建凯觉得这样其实是不走心的，"十八家面馆"采取"爱的传递"方式，高管的生日由老板安排，普通员工的生日由高管安排，为每一名员工举办生日晚会，通过表达生日祝福、分享生日愿望等方式凝聚员工的合力。正是通过一件件站在员工的角度去考虑问题的小事，才能得到员工的真心，让员工都感受到家的关怀；同时，这种"家的关怀"也在不断传递，让"十八家面馆"的顾客都感受到这里的面有文化，有不一样的人文气息。

五、要处理好员工的小事业

自主创业是每个人的梦想,很多人受时代背景、社会观念以及资金、技术、家庭等实际情况的影响,无法投身到创业实践中。作为企业领导者,应当尽力满足员工的愿望,因为只有不断满足员工的愿望,才能在更大程度上激发员工积极性,从而为企业发展凝聚更强大的力量。

李明原先是"十八家面馆"的一名员工,因为工作认真勤奋,多次被评为优秀员工。作为一个地道的温州人,他一直有一个创业当老板的愿望,觉得自己30多岁了要拼一把。李明向潘建凯提出自己要辞职创业,潘建凯立马表示支持,并告诉李明可以帮助他开一家新的连锁店,个人只需要出10%,公司出90%,但是回本之后个人可以拿到90%分红。李明既惊讶又感恩,觉得自己遇到一个这么好的老板太幸福了。从李明脸上洋溢的灿烂笑容可以看出,他感受到了自己之前付出的努力是有价值的。潘建凯表示,支持员工创业是他长期思考的问题,鼓励创业的整体形式是"三七分","一九分"是针对"第一个吃螃蟹的人",用这样的方式去激励员工开直营店,所有的经营全部是公司管控的,只是最后利润按比例分成。

得到李明的认可后,潘建凯深度思考自己与员工的关系,他认为自己与很多员工有多年从事面馆的工作经历,是一个事业共同体,有着共同的使命和追求。既然是事业共同体,大家是兄弟姐妹,就要真正认识每一名员工,先把每个员工名字叫出来,点燃他们的热爱,支持他们追求梦想。

"十八家面馆"认真梳理自己的使命,将企业使命分成员工幸福、客户幸福和社会幸福三个板块,即"用爱让全体员工物质和精神双幸福,用爱让每个顾客每天吃好一碗面,感受到幸福有爱,让社会更幸福"。"十八家面馆"的愿景是做温州第一面馆,成为爱的标杆企业,成为员工幸福、客户信赖、社会尊敬的温州面馆领军品牌。

六、经营事业要具有创新精神

创新精神是内容创新和形式创新的统一。内容与形式是一对哲学范畴，同一内容由于条件不同可以有多种形式，同一形式也可以表现不同的内容。新内容可以利用旧形式，旧内容也可以利用新形式。内容新不等于形式新，形式新也不等于内容新，只强调内容新会陷入教条主义，只关注形式新会陷入形式主义。只有将内容创新与形式创新相统一，才能真正创造新的持久的增长点。稻盛和夫曾说，如果要成就大事业，就需要心怀强烈欲望和拼搏精神，激励自己无论如何都要成功。时刻保持创新精神，不管是成就大事业，还是磨炼自身能力，这点都是不可或缺的关键因素。[①]要坚信"自身蕴藏着无限的能力"，然后每天积累看似平凡的努力，并保持创新精神，这样的话，便能成功磨炼自身的能力。

勇于开拓创新是中国共产党的优良品质。党的十九届六中全会通过的《中共中央关于党的百年奋斗重大成就和历史经验的决议》把"坚持理论创新"作为党百年奋斗的一条重要历史经验，强调："只要我们勇于结合新的实践不断推进理论创新、善于用新的理论指导新的实践，就一定能够让马克思主义在中国大地上展现出更强大、更有说服力的真理力量。"中国共产党是勇于理论创新的党，也是善于理论创新的党。回望百年奋斗历程，中国共产党为什么能，中国特色社会主义为什么好，归根到底是因为马克思主义行。马克思主义之所以行，就在于党不断推进马克思主义中国化时代化并用以指导实践。理论的生命力在于创新，不断推进马克思主义

[①] 稻盛和夫：《京瓷哲学：人生与经营的原点》，周征文译，东方出版社，2016年，第216页。

中国化时代化就是中国共产党坚持理论创新的生动表现。

"十八家面馆"科学把握内容创新与形式创新的关系，既注重内容上的丰富性，充分挖掘整理传统节日文化，又注重形式上的时代性，积极融入当代信息技术，将内容创新与形式创新相结合，推出了"芥菜饭节""一元米面节"等热度高、传播力强的特色活动，得到诸多顾客一致好评。

打造"芥菜饭节"。温州有个习俗，农历二月初二龙抬头的日子，要吃芥菜饭。芥菜在温州话中叫"不烂"，寓意是不会烂头，也就是没有烦恼、轻松愉快的意思。这是因为芥菜含有丰富的维生素，吃芥菜饭就不容易烂头。芥菜的这种吃法有很悠久的历史，但是没有人去提炼它。2015年，"十八家面馆"打造了第一个节日——"芥菜饭节"，充分挖掘节日文化，围绕节日内涵打造吉祥如意的节日主题；通过广泛宣传，在线上线下共同打造温州芥菜饭节，很快火爆网络，取得了非常好的传播效果。第二年温州所有的大小餐饮店都模仿举办这个活动，从另一个方面说明了"十八家面馆"在节日活动创新方面的影响力。

打造"一元米面节"。2015年11月，"十八家面馆"在开业1周年之际，将平时卖9元的米面，在当天卖1元，打出的口号叫"物价回归到30年前"，这个口号彰显了一种怀旧文化，背后反映的是70后和80后对儿时岁月的怀念。潘建凯指出，在30年前，一碗面就是1元钱。"十八家面馆"推出这个节日活动，既是对那个年代的一种怀念，也是对广大消费者，即时代奋斗者的一种回馈。这个活动抓住了营销的爆点，在周年店庆当天取得了非常火爆的效果，累计卖出1000余份。

此外，"十八家面馆"还隆重推出"春节赠春联""腊八节赠腊八粥""冬至赠汤圆""网红青团""端午土猪肉粽"等节日活动，浙江电视台、杭州电视台、新浪等新闻媒体慕名前来采访报道。这些成功经历让

"十八家面馆"充分尝到了模式创新的甜头。

七、将做人的正道作为经营的原点

内容创新与形式创新的不统一会产生创新的负面效应。潘建凯不断反思，认识到创新不仅是搞一次节日活动，而是要依靠日积月累的经验，将新的思维、新的方式应用到"十八家面馆"的日常运营中，每天积累看似平凡的努力，并保持创新精神，用创新精神激发创新能力。创新不是毫无原则的改变，它有自己的发展规律，其支撑点就是做人的正道。

稻盛和夫将做人的正道作为经营的原点。他在成立京瓷后不久，就将"作为人，何谓正确"作为经营判断的唯一基准。有很多人觉得这一基准太幼稚、太简单了，但他认为，事物的本质就是单纯、明快的东西。行为的规范不是基于得失，而是基于作为人应走的正道。稻盛和夫在受命重建日航、出任会长职务后，虽然是临危受命，却通过贯彻这一简单的判断基准，帮助日航渡过难关。事实反复证明，人间正道是沧桑，做人的正道才是经营的核心与原点。

潘建凯在形式创新方面做足了功夫，但是在内容创新方面却没能同步推进，导致形式上在不断发生变化，变来变去始终缺少灵魂，没有一个为之变化的核心。从本质上说，潘建凯做的每一个节日都是借助或者说探索了一种新的形式，在同行业都开始模仿做一元米面节、芥菜饭节、腊八节等节日活动之后，潘建凯发现一味地追求形式创新不管用了，效果大不如以前，消费者开始不感兴趣了。潘建凯陷入这种为了搞活动而搞活动的行业内卷，比谁做的形式更新，谁更能吸引眼球，谁的花样更多。但这其实偏离了回馈消费者的初衷。"十八家面馆"第一次做一元米面节的时候，是说物价回到30年前，365天不赚钱，其实是为了回馈消费者，这里面是有内涵的。后来在节日活动中一味地追求形式创新，比如在直播中进行抽奖送LV包的活动博人眼球，偏离了初衷，受到员工和顾客的质疑。

有名无实、名不副实都是不能长久的，内容与形式不统一逐渐偏离了"十八家面馆"的初衷，会让经营陷入困境。稻盛和夫曾说，要用位于灵魂核心的真我来做判断。意识到问题之后，潘建凯决定马上改正。在2023年9周年活动上，潘建凯团队策划了"感恩有你"活动。既然做米面节活动是为了回馈消费者，他们就围绕9周年的"9"做活动，感恩9位功勋员工，感恩9位忠实顾客，完成9件公益好事，努力在员工幸福、客户幸福和社会幸福上着力。"大家的反响很好，我感觉这样做很有意义。"改善后的活动真正体现了对员工、顾客以及社会的使命，覆盖面更广了，内涵更丰富了，取得了很好的社会效果。

八、打造温州面馆的领军品牌

个人与社会的关系是自利与利他在更高层面上的反映，处理个人与社会的关系对经营者或企业家至关重要。企业家不应仅仅追求经济效益，在很多时候、很大程度上，经济效益的好坏要取决于社会效益。经济效益既能用金钱衡量，也不能完全用金钱衡量。当企业做到一定规模时，经济效益更多地体现为一种商业信誉，这种信誉本身就属于社会效益的范畴。只有兼顾好社会效益，处理好社会关系，才能在更高层次上获得经济效益，也才能为员工、顾客、上下产业链、互补产业乃至整个社会带来更大效益。

在"服务温州1000万消费者"的使命指引下，"十八家面馆"在2023年拓展了9家店，到2024年7月已经新增了27家店，整个团队发生了很大的变化。在学习稻盛哲学后，潘建凯在经营理念方面发生了翻天覆地的变化。原本只在街头巷尾开门店的"十八家面馆",如今开始向商场、学校、机场、社区全面进军。

小面馆为什么能怀抱大使命?潘建凯指出,稻盛和夫"经营十二条"的前两条强调,要明确事业的目的与意义,并且要设定具体的目标。只要明确了目标,行动就有方向,团队就会更有精气神,更有使命感。稻盛和夫曾指出,明确事业的目的和意义这一条的作用占到整个"经营十二条"的90%,剩下11条的作用占10%。使命为什么这么重要?因为企业使命是解决企业方向的问题,方向不对所有的努力都白费,企业使命是解决企业价值的问题,有价值的企业才能创造高收益,企业的每一项投资、每一项决策只有围绕使命来做,才是正确的方向。

明确的使命指引"十八家面馆"不断开启新的发展阶段。建设社区食堂是温州市政府的重要民生工程,这契合了"十八家面馆"的使命愿景。面对政府的号召以及给出的优厚条件,"十八家面馆"积极参与蒋家桥社区食堂建设。政府负责提供场所和装修,"十八家面馆"负责运营,主要的服务对象是社区群众。社区食堂针对孤寡老人等困难人群、军属是免费的,对社区60岁以上老人打八五折。相对于周边商业餐厅,社区食堂的饭菜更健康、实惠、卫生。"我们加入到社区食堂建设中,主要是因为我们的使命使然,我们既然要为社会做贡献,致力于员工、顾客与社会幸福,就要用行动说话,单纯的喊口号会让我们遗忘使命。"牢记使命、付诸行动是潘建凯经营面馆的真实写照。

坚持自己的使命,只要动机良善,想到就能做到。一个偶然的机会,潘建凯团队看到温州龙湾机场招商的广告,他们决定要将"服务温州1000万消费者"的使命落到实处。于是,潘建凯找到相关负责人,表达了"十八家面馆"希望进驻龙湾机场的想法。机场的相关负责人有点惊讶,告诉潘建凯机场的品位与要求。潘建凯将"十八家面馆"的经营规模、理念、使命以及发展历程等情况——向机场方做了详细说明，争取到了参加2024年4月温州龙湾机场全国招商会的机会。在招商会上，潘建凯做了一次专题分享，立足机场顾客的需求，指出机场食品昂贵无特色的痛点，将自己对顾客与面馆行业发展的认识进行分享，突出自己的使命是用爱让全体员工物质、精神双幸福，让客户每天吃好一碗面，让社会幸福。"十八家面馆"用真情和使命打动了机场方，获得了进驻温州龙湾机场的机会，成为温州本土面馆进驻机场的第一品牌。

结束语

"十八家面馆"的发展遵循了事物发展由小到大、由量变到质变的发展规律，从一个普通的小面馆发展为一个拥有100多家分店、粗具规模的面馆。在"十八家面馆"的发展过程中，主要有以下四方面经验：一是拥有明确的发展目标。明确的目标是企业发展的科学指引，企业缺乏明确的目标就会失去前进的方向和动力。"十八家面馆"在发展过程中对自身发展进行明确定位，准确把握自己在特定时期的特定任务，将"打造温州面馆的领军品牌，服务温州1000万消费者"作为自己当前及未来一段时间的使命和任务，围绕这个目标全力前进。二是步步为营，从小事做起。大事与小事是辩证的，世界上不存在绝对大的事物，也不存在绝对小的事物，大和小是相互依存、相互转化的。企业的发展必须遵循由小到大、由量变到质变的发展规律，稳扎稳打、步步为营，从小处着眼、从小事做起，落实好每一步计划，完成好每一个目标，天天有发展、月月有提高、年年有进步。三是坚持人人都是经营者，不断激发员工的积极性。员工是企业的力量之源，稻盛和夫认为，企业和员工是互利共生的关系，全体员工都是经营者，应该划小单元、责任到人，让每个人都成为阿米巴，都成为经营者。同时，必须统一员工思想，揭示出每个人都能从内心认可的、共同拥有的目的，让员工认识到使命的力量，认识到"我们是为着如此崇高的目的而工作"，把员工的力量凝聚起来，将他们具备的力量最大限度地发挥出来。四是培育创新文化，将创新作为企业发展的关键动力。创新是企业保持长久市场竞争优势的关键，是推动企业持续发展的不竭动力。习近平总书记指出："必须继续做好创新这篇大文章，推动新质生产力加快发展。""十八家面馆"注重培育创新能力，通过充分运用新形式，打造一系列特色节日活动、特色营销模式、特色加盟模式、员工创业模式等新路径，不断增强创新能力，推出创新产品，用创新推动企业更好发展。

九层之台起于累土，千里之行始于足下。伟大的事业不是一下子就能实现的，而是要靠脚踏实地的努力和一步一步的积累。[①]不管什么伟业，都少不了一步步的努力，也都只能靠脚踏实地的努力，不存在任何投机取巧的捷径。

---

① 稻盛和夫：《京瓷哲学：人生与经营的原点》，周征文译，东方出版社，2016年，第70页。

名与实

以内诺带动外诺实现无限价值

温州市顶诺食品有限公司

引言

《名实论》曰："天地与其所产焉，物也。物以物其所物而不过焉，实也。实以实其所实而不旷焉，位也。出其所位，非位，位其所位焉，正也。以其所正，正其所不正；以其所不正，疑其所正。其正者，正其所实也；正其所实者，正其名也。其名正则唯乎其彼此焉。谓彼而彼不唯乎彼，则彼谓不行；谓此而此不唯乎此，则此谓不行。"名指名称、概念、范畴，实指事实、事物、实在，名实之辨，盛于战国时期，名号与行为的关系，属于对人的操行和才能的道德评价问题。

温州市顶诺食品有限公司（以下简称顶诺）创立于2008年，是一家集研发、加工、销售为一体的市龙头企业。公司主要从事家庭式系列牛排、餐饮牛排、中式菜肴、西式汤酱等的研发、生产与销售。目前，公司有员工300多名。顶诺创立16年来，始终秉持"为中国家庭的幸福和健康而奋斗"的使命，坚守初心，专注于品质牛排，致力于用好牛排传递更幸福的生活。公司制定了严格规范的生产、品控、仓储等安全流程，生产出符合国人消费习惯，适应线上、线下销售的平民化、高端化、个性化的牛排系列产品。2009—2012年与大润发超市达成战略合作，开启商超渠道战略布局；2012—2014年入驻天猫，开启电商之路，通过线上线下融合实现全渠道覆盖；2014—2016年通过HACCP食品安全管理体系认证，建立完善的食品安全风险管控制度；2016—2018年获得市场和社会各界的广泛认可，荣获"优秀农业龙头企业"称号；2018—2019年制定"三·五·七"发展战略，荣获"2018年度中国互联网生鲜牛排领军品牌"称号；2019—2020年荣获"国家高新技术企业""科技研发中心"等荣誉称号，以创新引领企业发展；2020—2021年通过ISO9001、ISO14001、ISO45001等管理体系认证，建立了食品安全防护体系；2021—2022年建成牛排行业领先水平的智能化生产基地，公司发展迈入全新时代；2022—2023年品牌全新升级，从品牌定位、产品创新、终端形象呈现品牌新面貌。如今，顶诺已入驻大润发、沃尔玛、世纪联华、永辉等5000多家全国连锁大型商超门店；入驻天猫和抖音开设品牌旗舰店，成为生鲜牛排行业的TOP品牌，并逐步实现了线上、线下场景的融合，打通了各个业务模式的壁垒，实现了资源互通。

一、在名与实的分离中找到人生目标

名与实可以统一，也可以分离。如果名实一致，就是名副其实；如果不一致，就是名不副实。对于个人或企业来说也同样如此，如果名与实不一致，则难以在社会中立足，更谈不上好的发展。黄玉克的人生奋斗历程就是这样一个从名实分离到名实相副的过程。

1992年，黄玉克中专毕业后到温州制冰厂工作，在此期间，他埋头苦干，努力学习，对各种制冰技术与知识有了较为全面的掌握。但是制冰厂的收入对于一个年轻人来说微不足道，特别是在当时商品经济浪潮的冲击下，许多同辈年轻人在外创业都实现了发家致富。当时的黄玉克心中想的都是怎么做生意，怎么赚钱。他的心思更多放在了下班之后，摆摊卖面包、包子、锅贴的工作他都做过，甚至有时候干到晚上12点左右，骑着三轮车回家的路上都能睡着，有几次还直接撞到了路边的电线杆上。在赚到一些钱后，他开始投资一些项目，但基本都以失败告终。之后他还卖过冰激凌，别人卖冰激凌都是赚钱的，他却赔了钱。黄玉克说："赔钱是因为自己贪心，正常情况下别人每天都是挑100斤来卖，我却挑300斤，往往是当天卖不完，就浪费了，结果把本钱都赔进去了。"

1996年，黄玉克毅然辞去制冰厂的工作，"下海"创业，成立了温州嘉利食品有限公司，做起了速冻食品批发生意。很快，黄玉克就摸索到了批发生意的门道，并代理了不少国内一线品牌，与当时国内的一些知名品牌进行了合作。这样的经营持续了几年，黄玉克意识到自己在这个行业发展的空间与天花板，他开始思索：难道自己一辈子都要从事这样的经营吗？做产品的代理随时都有被取代的可能，产品上游的不可控因素太多，如何能更好地立足，开创一番真正属于自己的事业呢？此时的黄玉克萌发了自己创立品牌的念头。黄玉克结合自己在速冻行业十多年摸爬滚打的经验，加上在批发零售领域养成的商业嗅觉，他发现做牛排是一个可以拓展的商业领域。

牛排曾一度被视为西方饮食的典型代表，也被当作较为高端的和有一定社会身份地位的人消费的食品。中国人把牛排作为餐桌上的主菜，也是近几十年的事。黄玉克在上海、杭州、广州等地考察时发现，越来越多的家长会带孩子到牛排店排队消费。牛排是高蛋白质、低脂肪食物，富含钙、铁、锌等人体所需的8种微量元素，有助于提高身体免疫力，增强孩子的体质。因此，他判断牛排是一个朝阳产业，于是开始思考自己能否生产一款家庭牛排，让家长在繁忙的工作之余，不用到牛排店排队就能让孩子吃到喜爱的牛排。

基于这一初心，黄玉克决定做出更符合中国孩子体质的牛排，让牛排走进千家万户。2008年，他给自己的公司及牛排品牌取名"顶诺"，寓意顶级的承诺。就这样，黄玉克终于找到了自己事业的方向，找到了今后为之努力的方向，更重要的是，找到了一片实现自己梦想的试验田。

二、脚踏实地，把牛排做到极致

2008年成立顶诺后，黄玉克把全部心思都放在了做好牛排上。

顶诺，不仅是黄玉克对追求自己人生价值的一种承诺，更是对员工、对顾客、对社会的承诺。为了践行承诺，黄玉克在产品质量上下了很大功夫。

花大力气掌握牛排相关知识。干一行爱一行，爱一行钻一行。要做中国顶级的牛排，其基础就是要了解生产牛排的全过程，了解中国牛排的市场。为了做好这个工作，黄玉克用了几年的时间全方位钻研学习牛排的相关知识。一是掌握牛排的基础类知识，如牛的分别与类别，哪里的牛适合做牛排，如和牛、安格斯牛、黄牛、奎宁牛、夏洛莱牛等。而对于牛身上的哪些部位适合做哪种牛排也有较详细的划分，例如牛身上的上脑、肩肉、嫩肩、板腱、眼肉、牛小排、胸肉、西冷、菲力、腹肉、尾龙扒、针扒、牛霖、黄瓜条、后牛腱、前牛腱等部位，相应的牛排种类有菲力牛排、肉眼牛排、西冷牛排（沙朗牛排）、T骨牛排。这些牛排各有各的特点：菲力牛排（filet）也称牛里脊，是腰内肉，特点是瘦肉较多、高蛋白、低脂肪，比较适合要减肥瘦身、保持身材的人群；西冷牛排（sirloin），也叫沙朗牛排，是外脊肉，即牛的后腰肉，含一定肥油，尤其是外延有一圈呈白色的肉筋，口感相比菲力牛排更有韧性、更有嚼劲，适合年轻人和牙口好的人；T骨牛排（T-bone），是牛背上的脊骨肉，呈T字形，两侧一边是菲力，另一边是西冷，既可以尝到菲力牛排的鲜嫩，又可以感受到西冷牛排的芳香，一举两得。为了选好这些原材料，黄玉克不但对我国的内蒙古、新疆、山东、四川等地进行了考察，还远赴俄罗斯、美国、澳大利亚、巴西、阿根廷等国进行实地考察，与当地农牧企业进行商业洽谈。二是学习牛排的发展历史及餐桌礼仪。为了对牛排的发展历史及餐桌礼仪有一个全面的掌握，黄玉克不仅把网上能买到的与牛排相关的书全部买来认真研读、做学习笔记，还积极联系温州、杭州高校的教授为自己开小灶补课，以便对牛排的历史有一个全面的掌握，逐渐成为实践中的专家。为了做好餐桌礼仪，黄玉克还请来了国内知名的专业礼仪老师为顶诺的员工授课，就吃牛排时的就座和准备工作、餐具的摆放、如何使用刀叉、交谈礼仪、餐巾的使用等都进行了专门的实操培训。三是对牛排的做法和口感进行专门研究。牛排一般有一分熟、三分熟、五分熟、七分熟和全熟。一分熟（rare）牛排内部为血红色，且各部分仍然保持一定温度；三分熟（medium rare）牛排内部为桃红，且带有相当温度；五分熟（medium）牛排内部主要为粉红，也有一些浅灰色和棕褐色；七分熟（medium well）牛排内部主要为浅灰棕褐色，夹杂着一些粉红色；全熟（well）牛排内部为褐色。西方人与东方人的口味不同，西方人爱吃较生口味的牛排，这种牛排含油适中又略带肉汁，口感甚是鲜美；东方人则更偏爱七分熟牛排。影响牛排口味的因素很多，如酸度、咸度、甜度等。为了调制出适合中国人口感的牛排口味，黄玉克专门成立了研究小组，配制出了更适合大众口感的牛排辅料。

用心培养牛排生产团队。顶诺是一家专做牛排的食品企业，顶诺的工人不仅是生产线上的一线员工，也是牛排方面的专业人士。顶诺员工有370人，无论哪个岗位上的员工，对牛排的认知程度都是一流的，这也与黄玉克对员工的高标准严要求密不可分。

为了让顶诺员工了解到最全面的牛排知识，黄玉克不仅邀请了省内乃至全国在研究牛排方面最有名的教授、西餐礼仪老师到厂为员工做辅导培训，还邀请同行业一流的牛排师傅到厂与员工交流制作技艺；同时，还积极送优秀员工到全国各地参加各类培训、会议及西餐文化交流，不但让顶诺员工在全国范围内亮相，而且能吸收借鉴同行一些优秀的做法。为了提升产品的可视化程度，黄玉克专门到上海找了一个专业团队为顶诺策划整体形象，并培养了专业的包装团队，使品牌形象大大提升，顾客可以通过看顶诺包装内部牛排的纹理来判断其鲜美度。而这恰恰反映了顶诺的企业定位，就是要满足顾客的要求，让顾客品尝到最鲜美的牛排。

可以说，顶诺人以朴素的职业操守用心做最好的牛排，贡献给千家万户，让顾客在餐桌上感受到顶诺人的承诺。从采购最安全的原材料，到最科学的生产流水线、最干净的工作环境、最快速的生产效率，顶诺人把自己的初心与承诺完全地体现在了牛排这块试验田中。

在学习和践行稻盛哲学后，顶诺进一步明确了自己的使命、愿景和价值观。在新冠疫情期间，顶诺的销售额每年还保持着较高增长，2021年营业额近2亿元，利润率8.39%；2022年为2.74亿元，利润率7.20%；2023年为2.75亿元，利润率7.66%。这说明黄玉克终于找到了一条能够让顶诺实现良性发展的渠道。

三、稻盛哲学使顶诺名实相副

黄玉克说，做人一定要坦诚，要坦诚地与家人交流，与客户交流，只有把自己的家庭、身体搞好，才能把企业搞好。如果前面的基础打得不扎实，一切都是空谈。但是随着顶诺的不断发展，企业的未来、员工的未来、合作伙伴的利益成了黄玉克经常思考的问题，加上顶诺遇到的人才短缺、管理滞后、利润率低、团队协作能力差、高管频频跳槽等问题，黄玉克面临的压力越来越大，这也使他进一步认识到，搞好经营就是要从管理机制、制度建设、绩效分配、财务核算等方面建立起一个系统的、相互支撑的体系。

2018年，黄玉克在朋友的介绍下加入了温州盛和塾。他希望通过与富有实践经验的企业家的交流，以企业家自己分析问题、总结问题、解决问题的模式对企业经营中的问题进行诊断、分析、处理，实现理论与实践的有机结合。在温州盛和塾的学习为黄玉克打开了一扇门，使他找到了经营企业的法门。他通过参加月度学习会、专题课程培训会、全国各地举办的年会，系统学习了稻盛和夫关于企业经营的方法及国内一些成功企业家的案例，他发现稻盛和夫在经营企业时所遇到的问题与他经营企业遇到的很多问题有相似之处，很多办法甚至可以直接套用。

在学习过程中，黄玉克总是积极思考其他企业所遇到的问题，并设想如果自己的企业也遇到类似问题，应该如何应对。这种反思促成了黄玉克对顶诺的整体性思考，为顶诺的整体提升奠定了良好的基础。在学习过程中，黄玉克还养成了撰写家书的好习惯，他把自己的学习心得、所思所想以家书的形式完整地表达出来，特别是对经营家庭的反思，更是毫无保留地与妻子用文字交流，从而化解了夫妻之间的一些矛盾，增进了夫妻间的情感。黄玉克还认识到，静心写家书的过程本身也是一个深度思考的过程，可以在边写边思考的过程中为解决企业经营管理中的问题找到答案。

通过一段时间的集中系统学习，黄玉克开始把对稻盛哲学的学习导入顶诺。一开始，黄玉克主要让顶诺的管理人员及有兴趣的员工加入进来，每个月的月底开办学习大会。在学习会上，员工们会分享本月的学习心得，检讨自己工作的不足，制定下一个学习目标与工作计划。从2018年5月到目前为止，已经学习了60多期，系统读完了《心法》《活法》《干法》《稻盛哲学》。顶诺从原来的技术交流到现在坚持学稻盛哲学，员工也由原来的不愿意学到现在热切地学，在有些问题的讨论上还积极发言，开始真正地学以致用，将这种学习热情也带到了工作中，取得了良好的效果。为了更好地开展学习，顶诺设立了相应的学习基金，并从2024年5月起推行每日10分钟的晨读活动，大家一起交流前一天发生的事情，共同解决存在的问题，如产品质量问题、培训问题等。顶诺每年还举办一次运动会，通过运动会让员工重视身体健康，明白要有强壮的体魄才能把生活过得更安心。通过6年多的学习，整个企业的经营面貌发生了很大变化。

在学习践行稻盛哲学的过程中，顶诺也逐步形成了自己特有的企业文化。例如，确立了"追求顶诺人物质和精神双幸福，创造健康美食，传递爱和美味，成就美好生活"的企业使命，明确了"成为中国家庭牛排第一品牌，做员工热爱、社会尊敬的百年企业"的企业愿景，形成了"品质为本，客户为尊，诚信务实，担当创新，利他共赢"的企业价值观。顶诺就是要努力地实现自我承诺的价值，通过自我承诺的实现再进一步实现对顾客、对社会的承诺。顶诺在实现自我价值的同时，也是在实现食用价值、文化价值、健康价值等一系列价值，真正做到了"一诺千金"的名实相副。

四、苦练内功以内诺推动外诺

一个企业要想在市场环境中立于不败之地，必须苦练内功，能拿出受市场欢迎的制胜之招。黄玉克直言道，顶诺的每一次发展都面临市场的重大调整，都是在危机面前脱颖而出、不断发展壮大的。正如稻盛和夫在《在萧条中飞跃的大智慧》中所说，企业有时刻保持危机的意识就会迎来"生机"。

新冠疫情三年，是顶诺稳步发展的三年。黄玉克在疫情期间苦练内功，对员工的工作环境进行了提升。以前顶诺的厂房是租的，2021年顶诺搬进了近4万平方米的大厂房，集生产车间、办公区、宿舍、活动中心于一体。在新厂房配置了不锈钢车间，地面采用了防臭聚氨酯材料，完全按国家食品标准设置，整个车间采取恒温标准。做牛排的罐体是新的，可保证日产40吨以上，生产过程采用红外切片机、智能机组系统，使产品质量更为稳定，生产运输效率更高，生产的产品当日就可以摆上上海市民的早餐桌。

顶诺在引入稻盛哲学后，整个企业内部的关联性更强了，大家之间的沟通增多了，沟通也更顺畅了。通过团队建设，员工之间加深了了解，增强了协作，员工工作的氛围大大改善，生产效率得以大幅提升。同时，整个企业在人力物力成本等方面降低了近10%。每一个主管级的人员都更加清楚自己的数据，知道自己工作的不足及具体情况。特别是财务通过数据报表找到了成本核算的问题，更加节省了成本。

2023年6月，顶诺请外部团队为其做了新的战略规划，找到了自己未来三年的方向。找到企业的定位之后，顶诺将围绕老客户老产品、新客户新产品、老客户新产品去一个个突破。虽然顶诺也面临着激烈的市场竞争，特别是产能过剩、消费降级的压力，但是顶诺人专注于自己的产品、品牌、资金、销售渠道，努力做好自己，坚守底线，以做干净的食品来兑现对顾客的承诺。

五、以利他之心把承诺做到极致

一切的成功，都归结于利他之心。抱利他之心，从为身边人做力所能及的事开始，命运自然就会好转。这是因果法则。稻盛和夫提倡将做人的"正道"作为经营的原点。他在临危受命重建日航、出任会长的职务后，曾经面临一个重要的选择。航空公司需要在业务上相互联结，形成联盟的协作关系。当时日航所在的联盟是寰宇联盟，在重建时很多人认为日航应该加入更大更有优势的联盟，但这样一来，势必对寰宇联盟造成损失；同时，以往日航的乘客也会因此失去寰宇联盟的优惠。稻盛和夫此前从没有涉足过航空业，可以说是一个标准的门外汉，但是他向大家提出一个建议，即不以利益得失作为基准，而是以"作为人，何谓正确"来作为判断的标准。这个标准也正是黄玉克所坚持与践行的，凡事以利他为先，是他践行承诺的方法。

以利他之心提升员工的福利。员工是企业的生命。企业的发展不只靠高层管理的高瞻远瞩，也不只靠总裁的英明果断，关键还要靠现场的员工，发奋努力把工作做到极致。正是抱着这种理念，黄玉克把员工当成家人，以利他之心提升员工福利。为了保障员工的收入与体面的生活，顶诺给员工的工资比国内同行平均高出10%，这让顶诺员工内心有了一份自豪感。逢年过节、员工生日时，顶诺会给员工发放节日礼包，给员工开生日会，以体现对员工的人文关怀。在关心员工的同时，顶诺注重关照员工的父母、孩子，如为员工父母提供养老基金，解决员工孩子的教育问题。顶诺专门对接了社区学校，聘请专业团队的老师给员工的孩子上课。办公区域设置了孩子专区，提供托管服务，让员工能够安心工作。在生活上，顶诺专门打造了一流的员工宿舍专区，分别设置了单身宿舍、夫妻宿舍、家庭宿舍，对于有需要的员工按实际情况配给，让员工体会到家的温暖。顶诺还有自己的员工食堂，每天的中餐晚餐都向员工供应由营养师配置的4荤4素8个菜，晚上为加班的员工提供夜宵。

以利他之心维护顾客利益。服务顾客、满足顾客需求是顶诺企业文化的一种表现。在生产牛排时，顶诺对自己有一个要求，那就是卖10元一片的牛排，利润不能高于5元，卖15元一片的牛排，成本价不低于7元。在牛排这个行业中，由于行业监管不到位、行业标准不规范，诚信机制有待建立，需要生产厂家自我监管，提升服务意识和诚信度。因此顶诺把成本与利润明确下来，以此保障产品质量，保障消费者的利益，维护消费者权益。

以利他之心维护供应商利益。顶诺不但关心员工、顾客的利益，更注重合作商的利益。顶诺在公开竞标中选择上游供应商时，都会选择价格较低的进行合作，但在最终合作时，往往会在原定价格上稍有提升，以保证供应商的利益，实现双赢。顶诺认为，供应商以较低的价格与高标准严要求的顶诺合作时，其利润空间已经较低，虽然供应商按要求提供了货物，但并不是开心高兴的，为了实现合作中的有效沟通与价值的传递，稍微提高一些价格将更有利于双方的合作。在与下游供应商的合作中，顶诺也同样以这种方式传递着这样的价值理念，最终把利他观念传递给消费者。

以利他之心回馈社会。企业发展稳定后就应想着如何回馈社会。顶诺在四川阿坝有一个对接试点，疫情期间顶诺给在阿坝的温州工作人员送去了1万份牛排。同时，顶诺还经常参加所在社区的活动，为社区生活带来了欢乐，也使顶诺文化在社区传播开来。

顶诺以利他之心把承诺做到了极致，以其产品、价值理念传递出对社会的责任与爱。顶诺实现了对员工的承诺，把员工当家人，使员工的利益得到充分满足；员工又通过自己的努力做出最好的产品，更好地服务于顾客、服务于社会。顶诺通过对顾客、供应商的承诺，把顾客、供应商当成自己的利益共同体，实现了利益共享，顾客、供应商对顶诺的评价则会更高，顶诺的影响就会更大。顶诺通过践行对社会的承诺，把爱与热情传递给社会，使社会感受到顶诺对社会的关爱与支持，也将获得社会更多的支撑。"创造健康美食，传递爱和美味，成就美好生活""承载中国家庭对美好生活的向往""从全球牧场到全民餐桌""给消费者提供更营养健康的生活方式""让每一个餐厅拥有自己的招牌产品""成为中国家庭牛排第一品牌""引领行业树标杆，立足牛排拓展全牛"等不仅是顶诺提出的目标和口号，更是以利他之心践行承诺的真实实践。

结束语

专心做好牛排是顶诺的目标，也是顶诺人一生的追求。只有践行诺言，才能真正做到名实一致。在全面推进健康中国建设的大背景下，作为食品企业的顶诺更加坚定了让中国人吃上放心牛排的决心，更坚定了通过生产放心牛排传递健康的承诺，而这也是作为一个企业的顶诺对健康中国建设最大的支持与贡献。我们可以看到，顶诺做到名实相副的秘诀就在于以利他之心经营。以利他之心经营实现对员工、顾客、供应商、合作伙伴的承诺，带动员工及行业的发展，干一行爱一行，使利他之心影响员工及行业，以实现内诺目标；同时，通过内诺目标的实现更好地获得顾客及社会的认可，使社会更好地认识到顶诺以利他之心经营，就是对社会最大的回报。因此，以利他之心经营、以内诺驱动外诺是企业获得社会认可的制胜密码，是企业的经营之道，以此，才能实现名实相副、名实一致、实至名归。

后　　记

改革开放40多年来，在党的方针政策指引下，民营企业蓬勃发展，民营经济从小到大、由弱变强，在稳定增长、促进创新、增加就业、改善民生等方面发挥了重要作用，成为推动经济社会发展的重要力量。我们党对民营经济的认识也不断深化。民营经济作为我国经济的重要组成部分，始终是坚持和发展中国特色社会主义的重要经济基础；民营经济人士作为我们自己人，始终是我们党长期执政必须团结和依靠的重要力量。进入新时代，以习近平同志为核心的党中央高度重视民营经济发展，坚持"两个毫不动摇""两个健康"的大政方针，明确了民营经济在推进中国式现代化建设中的重要作用。

浙江作为民营经济发展的桥头堡和主阵地，在民营经济的发展方面有许多可推广可借鉴的先进做法。最值得一提的是，浙江民营企业逐步成为引领我国民营企业发展的引领者，他们在改革开放以来的各个历史关口，总能成为带领民营企业发展的排头兵，为民营经济在国民经济发展中的地位和作用奠定基石。课题组通过对浙江十家在危机中仍取得快速发展的民营企业展开调研，旨在找到它们实现高质量发展的奥秘，以期为其他民营企业的发展提供有益参考。

课题组调研的十家民营企业主要集中在浙江的杭州与温州两地，在杭州的五家企业分别是浙江保融科技股份有限公司、浙江诚食善粮自然农业研究院、浙江谦君和仪表有限公司、浙江飞剑科技有限公司、

后 记

浙江新锐焊接科技股份有限公司，在温州的五家企业分别是温州"十八家面馆"、温州冠盛股份有限公司、温州市顶诺食品有限公司、巨龙光学（福建）有限公司、浙江瑞德森机械有限公司。课题调研过程中，内蒙古民族大学蒙古学学院秦尚阳同志、曲阜师范大学马克思主义学院赵代兴同志做了大量的资料整理和文献梳理工作，中国社会科学院马彦涛副研究员、马修文助理研究员、刘姝曼助理研究员，中国社会科学院大学曾嵘博士，曲阜师范大学聂家华教授、李新宇博士在分工合作的基础上，撰写了初稿。中国社会科学院王立胜研究员、郭冠清研究员对本书进行了框架设计、任务统筹、统稿定稿以及相关的沟通协调。

在写作的过程中，本书参考了大量的文献资料，吸收了相关专家学者的研究成果，由于篇幅所限没有一一标出，在此一并表示真诚感谢。在成书的过程中，得到了稻盛和夫（北京）管理顾问有限公司、杭州盛和塾精进企业管理有限公司、温州盛和塾企业管理咨询有限公司负责同志及相关人员的大力支持与帮助。国家行政学院出版社的编辑老师为本书出版付出了大量心血，在此也一并表示感谢。

由于时间和水平所限，本书难免有不足之处，欢迎广大读者批评指正。

王立胜于北京

2024 年 9 月